台北
蝸居
夢想家

HUMBLE
LIVES.
AMBITIOUS
DREAMS.

目錄

CONTENTS

目錄

CONTENTS

目錄

CONTENTS

啊，年輕時站在閃閃發光的河畔，相信夢想是件多棒的事，

但在人生過程中奮鬥並在最後說，

這個夢是真的，是件更棒的事。

——美國詩人 愛德溫・馬爾侃（Edwin Markham）

Canon

希望成為獨當一面的編舞家，以舞蹈對社會提出看法與提醒

大環境的現實問題和資源集中的排擠效應、上位者的既定成見，這些都可能埋沒有才華和夢想的人。

李治達，
1986 年次，
舞者

【5 坪，月租 4000NT】
新北市淡水區

R_ 是個超級愛用某運動品牌的舞者，牆上掛滿吊牌
L_ 廚房一角。安靜躺在地上的烤箱莫名打動了攝影師的心

這棟樓毫不客氣地，就叫做「涵碧樓」。沒有美景與奢華裝潢，因為房東是同學的母親，所以得已以較低廉的價格租到一間房，月租四千元，含水費不含電費，「一開始因為房客還沒搬走，所以先將客廳劃分一半給我住，一個月兩千。」治達比手畫腳的指著當初睡在客廳的一小方空間。一個月收入大約二萬多，每一場表演大約收入是三千元，接過報酬最高的表演大約是多少？「是一場科技大廠的尾牙，我去做行動雕像，大約四到五小時吧，八千元。」租屋處位於半山腰，擁有特別的山居寧靜。

White Face
KOUTA
RANGE HOOD
KT-700

We Can Do
NIK

「台北啊……，其實我正要發表的舞劇《白體人》，英文名字叫 PaiTei Men，想討論的就是台北人。」他說。

新竹人，從華岡藝校畢業後，進入台北藝術大學念舞蹈。同樣是舞蹈系，但在北藝大競爭非常激烈，身邊所有人都持續追求著身體上的進階，這樣的氣氛與壓力，讓他對自己是否真適合走這條路，開始徬徨。再加上，從小就對很多東西感興趣且擅長，手工藝、攝影等各種創作都得心應手，「如果跳舞也像其他事情一樣，只是抒發情緒的管道，那是否意味著我其實也沒有一定要跳？」他回想著當年的困惑說。

他毅然決然地休學，這一年中，他去電影院工作，「一方面換個環境，想未來的路，另一方面是我很愛看電影，可以從中獲得很多想法。」他說，電影注入的養分，因形式不同，也許無法直接反應在舞蹈創作上，但那啟發了他對看待世界、思考人生的不同觀點。原本休學是為了認真思考退出舞蹈，可是離開舞蹈的生活，反而更感覺到身體對於動的本能與渴望；而盡情看很多電影，有了新的想法與領悟，也促使他想要將這些收穫轉換成某個自己的東西。另一方面，從原先學校的壓力暫時抽離，他發現自己跳舞心態已經改變，不再那麼糾結於同儕間的較量，「後來最重視的是要跳得開心。」他說。

跳舞也玩音樂，鋼琴是室友的，而鋼琴腳邊（一包包的垃圾）是典型年輕人隨興生活的痕跡

天生的跳舞細胞對節奏也特別敏感。
吉他與鼓都是生活裡不可或缺的調劑。

HAPPY BIRTHDAY
Da Da
GR
White Face
BERLIN
AVIGNON
8/31 JUILLET
2011
OFF
PRIORITY
9999
9999
文化台灣
賈伯斯傳
BEAR BEER
STRONG STOUT

回到學校後，在一場舞蹈比賽中得獎，他發現自己適合創作，遂立定了成為編舞家的志向。對於創作，他有自己的想法，「曾經和同領域朋友聊天，他們認為藝術不需要特意碰觸社會議題，可我完全不以為然，舞蹈不該只看到自己的世界。」他說。他的上一部創作《4 am》就是以學運為主題。接下來的新作以台北人為主題，要表達他在台北這些年的生活中，與人相處的感想，在他的觀察中，有些人慢慢被城市氣息同化、覺得已經和過去劃清界線，也成為了台北人，「他們常自覺或不自覺地流露一份優越感，有時會認為中南部人就是比較窮酸或沒見過世面。」之所以特別在意這個題目，並不是出於情緒，「如同安迪沃荷說，本來，每個人都有十五分鐘的成名機會；可在我成長歷程中，我體會到大環境的現實問題和資源集中的排擠效應、上位者的既定成見，這些都可能埋沒有才華和

夢想的人。」他希望能以自己的作品對社會提出看法與提醒。

人生第一個有收入的表演，是高中三年級時，一場在宜蘭某個很受歡迎的節日活動中的商演，「那時共接了七個場次的表演，總共賺了六千元。後來遇到同行的朋友，一問之下才知道一個場次的表演價應該要有三千五百元，才知道自己被狠狠坑一頓了。」笑著說起往事，對現實環境的不友善豁然開朗。接下來，他透過申請政府單位的補助，即將籌備一場表演，「但就算門票都賣光，我還是得自己倒貼個大約三、四萬。」多年過去，台灣藝術表演工作者的境遇，似乎仍有很大的進步與改善空間。

因為多才多藝，又想把舞蹈帶到更多地方，目前有個「一人舞蹈劇場環島」的計畫，未來呢，除了希望成為獨當一面的編舞家，還能有自己的舞團。

一定要擁有自己的婚顧品牌——就從「擋酒部隊」開始

在有限的條件之下，開心地過生活、分享彼此人生，並且只要記得，不管發生任何事，就是保持正面就對了。

廖沁汝．
1986 年次．
婚禮顧問

【5 坪，月租 6000NT】
台北市大同區

R_ 被當成傘架的塑膠椅
L_ 通往頂樓的鐵梯

從大街拐進小巷，大同區的邊緣似乎有著被時間遺落的寧靜，沁汝就在這已超過三十年的老公寓裡落腳，「等一下要爬六樓喔。」一小方天光照進幽暗的樓梯間，一段佈滿鐵銹的鐵梯像是老公寓的外掛程式，有點突兀的安插在五樓，陡直地通往「六樓」。頂樓加蓋在台北不稀奇，沁汝與室友二人合租，房間僅約五坪大，共用衛浴與一個客廳，瓦斯爐被塞在角落，窗台邊、沙發邊零散擺放著鍋碗瓢盆，以及，外加一隻臨時來住宿的貓。

四個蛋糕盤作成的值星帶，擋酒部隊的簡單招牌

「你只要記得，不管發生任何事，就是保持正面就對了。」這個叮嚀，將她變成了完全不同的一個人。

她是彰化員林人，剛到台北時，對城市的疏離很敏感，強烈到只要想到要回中部，就感到全身一陣輕鬆，而當假期結束要回台北，則是沈重立刻湧上，「像是要戴起面具去坐客運。」她說。但這些年來，已不太會有這樣的想法，開始被台北的有趣所吸引，也喜歡這個城市每個區域各自有的不同文化和氛圍。

因為修了在職進修班的婚禮顧問培訓課程，她發現自己對這方面的濃厚興趣，遂離開與廣告系所學相關的公關公司，到婚宴會館開始接觸婚禮企劃。在婚宴會館，只能協助席間籌劃，但她看到新世代的新人對婚禮其實更有想法、更活潑，而她不管在興趣或特長上，都可以有更充分的發揮，最後選擇當獨立的婚禮企劃，從婚禮主持、流程規劃，到現場布置、婚禮小物、陪同新人挑婚紗、喜餅、設計主題相關活動，也有好幾個常配合、不同專長的團隊和伙伴，就看客戶有怎樣的需求。一條用四個蛋糕盤做成的「值星帶」，上頭寫著「擋酒部隊」，是自己動手做的，這個搶眼的道具在婚禮橋段中不可或缺。說起工作，她笑得爽朗，眼中閃爍著隱藏不住的熱情。

樓梯特多，不停往上尋找生存空間的老公寓

大豆沙拉油
油
kolin

採訪時連續爆衝一小時的貓，看到攝影鏡頭竟瞬間定格。

明信片牆，最能說明自己的角落

如同許多年輕人，沁汝也曾嘗試了一年出國打工度假。在出國前，很容易感到瓶頸或低潮，或甚至，光台北常下雨、潮濕，就足以讓她煩躁，但獨自出國一年，每天有巨大的未知等在面前，隨時可能發生很嚴重或糟糕的事，她不能躲、不能逃、沒有人可以依靠，唯一憑恃的就是朋友說的一句「保持正面就對了」，這句話從此伴隨著她，開朗、樂觀地面對生活中各種挑戰。

婚企的工作讓她對這個世代的新人有很多觀察，對大環境有某種無力感，轉而想在有限的條件之下，開心地過生活、分享彼此人生，是她所接觸的新人很普遍的生活哲學。隨著近年來資訊的傳播、人們對於自己想要的更有想法，今天的婚禮活潑到不再只是必要的儀式，而是一場充滿創意的精彩活動，她對未來的期許是能回應這種多元性，把統籌的角色扮演得更好，成立自己的婚顧品牌。

在她租處，有一面貼滿了明信片的牆，那是她認為最能說明她的一個角落。朋友寄的、新人蜜月旅行時寄的；存夠錢了也偶爾出國旅行，對她來說，那是個放空、歸零的契機，她寄給自己的明信片，上頭寫的就是旅途上的想法，「一方面是紀錄、回味當時的點點滴滴，另一方面也是提醒自己那個當下曾浮現給自己的心情。」

在追求夢想與生活穩定之間抱著務實的平常心，讓自己保持準備好的狀態

這個城市太流動了，與人相處起來，沒能像在南部那樣親熟；但工作上遇到的人，慢慢累積，說不定也可以變成友誼。

張雯涵．
1992 年次．
影音工作者

【8 坪，月租 8500NT】
新北市汐止區

R_ 地方小，鍋子跟碗就放在浴室，跟電熱器做伴
L_ 東西堆放在門口走道上實在是無可避免

在高雄成長、上台北尋找工作機會，與大多數異鄉遊子一樣有著大同小異的經歷；租屋處位於汐止一處偏遠安靜的巷弄中，地勢高高低低，小路拐來彎去，掉落的路牌被擺放在花叢之後，小雨滴滴答答，汐止特有的潮濕也浸入了這棟老公寓。一層公寓分租好幾間套房，雯涵就在這其中一小間落腳，一張床、一小張書桌、一個簡便的塑膠衣櫥，房間裡就剩只能容下一個人的走動空間。

義美小泡芙
遠賀
菓子屋

「追求夢想很重要，但還是要先讓生活穩定。我覺得自己是一個有目標、願意去努力的人。就算現在累一點，但可以比較快達到設定的未來。」她說。任職於影像工作室，公司承接業務為網路廣告與電視短片，她負責的範圍涵蓋影片企劃、前製、拍攝到後製剪接，職稱掛的是攝影助理，但因為公司不大，幾乎每個環節都要參與，練就了十八般武藝。

已經是工作量相當大的職業了，但到了週末，當其他上班族能喘口氣，她則換上了模特兒的身分，合作對象包括外拍攝影社團、平面與網拍廣告。「我喜歡這個工作，因為可以認識很多人，且若是接到活動時，會有很多年紀相仿的女生。」她說。

認識更多人這件事，最重要的意義是什麼呢？「可以增加人脈啊，出社會後覺得人脈很重要。」出社會才半年的她，慎重地說。但談到在台北生活的不適應，她說其實她一直很在意這個城市太流動了，與人相處起來，沒能像在南部那樣親熱。「所以工作上遇到的人，會覺得慢慢累積，說不定也可以變成友誼。」

模特兒的工作不像人們想像中只有光鮮的一面，她得自己接案、和廠商敲價錢，而這意味著要熟悉行情，否則很容易就吃虧。再一方面，不同活動的跑點也是辛苦之處，模特兒必須自己想辦法提早到指定地點，「有時上一個活動到半夜，第二天的活動卻是一大早在外縣市，根本不能休息。」她說。「模特兒這工作的期限很短，只能趁年輕時趕快多做一點。等到一個年紀之後，就只能當普通上班族，只有週一到週五正職工作的薪水了。」她務實地說。

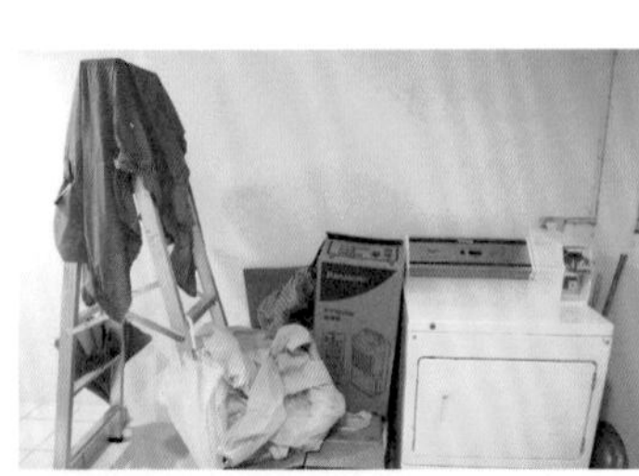

儲藏室是唯一住戶共用的空間

義美蛋捲
Egg Roll

YONGNUO
YN 160II
Pro LED Video Light
ASUS

身兼模特兒必備的保養品化妝品堆積如山

從小喜歡唱歌的她，一直有個走上幕前的夢，大學快畢業時，在電影《痞子英雄》軋上一角，讓她下定決心要把夢想付諸實現。她曾參加伊林的「璀璨之星」甄選，過關斬將直到決賽前一關。雖有經紀公司，但因有正職工作，很難完全配合公司的安排，之前就忍痛放棄了一部戲劇演出，因為那得到中部待上好一段時間。目前有機會就著參加試鏡，抱著可遇不可求的平常心，但讓自己保持準備好的狀態。

「除了覺得正職工作的穩定很重要、不想輕易離職。而且，要離開那麼久，還會擔心如此一來得留男友一個人在家，且讓他一個負責房租，還要照顧兩隻狗。那太辛苦了。」因為和男友感情穩定，兩人都積極賺錢，希望有一天可以在台北有屬於自己的房子。「現在租的地方雖然小又亂，但每當工作結束回到家，看到男友，看到象徵兩人橋樑與默契的狗，就有一種一切都足夠了的感覺。」她說。

感性的她，租處有個令人印象深刻的角落，那是一面牆，上頭密密麻麻貼著各種就學期間的畢業製作作品、拍攝的照片、有著重要回憶的票根。「其實這面牆從唸書住宿時就已經存在，現在只是面積變得更大了。我把那時一路貼上去的東西原封不動搬到台北來，繼續貼上更多。」她說。

留在台北努力的心意不變，看來牆上關於台北的回憶將會越來越精彩。

可以休息療傷的地方就是「家」，一張老桌，聚集了外地孩子們的故事

大家從外地來，住在一起，每個成員各自扮演不同角色，天南地北，什麼話題都能聊。

李俊賢．
1984年次．
基金會工作者

【6坪，月租5000NT】
新北市板橋區

「跟你說一件事唷！」他的眼睛笑成如彎彎的月亮，音量卻不自覺地壓低，傾身向前，「我是同志。所以我二十到二十五歲之間都在尋找人生的答案，就是找到自己與家人的認同。」其實採訪主題是設定在人生的方向、對未來的想像與夢想的。謹慎地跟他重新確認，想是否態度或措辭太侵略性了，令得對方鄭重地給出了私密的心事，「不會啊，本來，就是要先把認同的部分處理好了，才有辦法進入下一步，談人生的問題。」他說。二十五歲後坦然接受自己的性向，也對

家人提及出櫃並獲得體諒，要談更遠的計畫，得從這個點開始。

一進門，視覺首先被天花板上的「彩虹球」所吸引，「我們這裡是友善空間。」俊賢靦腆的笑著，溫順的個性與常掛著的笑容，讓人感受到一股溫暖。俊賢的房間牆壁是一片淡淡粉紅，「這間本來是房東女兒的房間。」俊賢說，定睛一看，牆上還貼了幾個雙子星的貼紙。二〇〇九年來到台北，目前在基金會工作。年輕時喜歡音樂，熱中於參加音樂季，後來更深入參與、在音樂季裡當志工，卻因此培養出這方面的習慣和喜好；而也從當志工開始，進入基金會。

彩虹球高掛，一個溫暖的友善空間

能將喜歡的事作為工作，生活一定就很充實了吧？「嗯，並不是一開始就這樣耶，其實以前下班後，就像一般在城市生活的人，能做的無非就是逛街、吃飯、看電影，在台北永遠不愁沒事做，但心裡總是會感到空虛，覺得沒有人生目標。」他說。

事情的轉捩點是二〇一三年底室友的一句話，「他跟我說，『人活著就是要動』，我有一種大夢初醒的感覺。」他二話不說，此後下班後開始跟著室友練柔道，然後又因練了柔道後，深覺體能的重要，也一併加入了上健身房的習慣。「現在我下班後的時間幾乎都給運動所佔滿，覺得生活有了重心。」運動有這麼大的魔力喔？「也因為去年十一月時父親過世，那給了我一份力量。

從小父母、家庭給了我很大的安全感，他們雖然後來離婚了，可父親臨終前仍回到家人身邊。我從那時起對於必須由自己去發動或承擔的『未來』或『家』，在腦中有了比較清楚的畫面。」

下班後與室友們聚集的小地方

「以後想要的家，一定要是個可以休息、療傷的地方，就伴侶、朋友啊，大家住在一起，每個成員各自扮演不同角色，就像我室友現在是負責給人生建議的。」他笑說。「這張桌子，我和室友幾個外地來的孩子，忙完各自事情後，就聚在這裡。天南地北，什麼話題都能聊。」室友養的柴犬 TAKUMI 圍繞著他打轉，牠與俊賢的親密程度，顯然也是這個「家」的重要成員之一。

雖說『人』是家的概念中最重要的元素，但長久來說，到現在還是覺得自己就是屏東人，在他眼中台北太快、太紛亂，「說也奇怪，只要回屏東，我身上各種毛病會立刻消失，人也突然變得超有精神。」

即使台北對他而言依然是個轉個不停的城市，總是需要在快速的節奏中找到自己的步調，但能夠在台北這座大城裡做著自己喜歡的事，回到住處還能與也由外地北上努力的室友們天南地北的說著自己一天的際遇，這或許就是台北給他最好也最溫暖的回饋。

柴犬 TAKUMI，相當親人

零存款——一個地震就垮了，存錢幹嘛？沒有存款也能過的營隊人生

拼命將不多的薪水發揮到最大值，不存款，但將人生存進最多活力與笑聲。

William，1981年次，社工人員

【10坪，月租12000NT】
新北市永和區

R_ 房屋沒有對外採光，陽台極為迷你
L_ 撿便宜堪稱專長，兩落鞋盒高高疊門口

門口貼了張門神春聯，上頭四個字「開門見喜」，形容的正好是William，不偏不倚。採訪過程裡笑聲不斷，彷彿拜訪的是吉本興業的喜劇演員。有著開朗個性的他，毫不避諱的提起「零存款」這件事，「我就常跟我爸媽說，一個地震就垮了，存錢幹嘛？」那薪水都到哪去了？「拿去旅行了。」薪水多嗎？「不多，所以我有認識的社工情侶檔分手了。」那門口那疊鞋盒又是怎麼回事？「去香港住朋友家，省旅費，我都是買有折扣的鞋比較便宜！」看來是非常拼命將不多的薪水發揮到最大值，William的套房相對舒適，雖小且是狹長型的房間，但非常難得遇到用心的房東，裝潢上有稍加整理，但房租相對也提高。

開門見喜

曉威
MONCLER
crocs
crocs
KruZin
adidas
REGAL STANDARDS
adidas
29.0

SINGAPORE
Nina Su
WISH YOU THE BEST
Thank you. Boss
Carina
Steven Lin.
YOU'RE NICE!!
NICE VN -281
Project
WAO
2014.4.20

W
Express Cool
Chicken Pie
KIRKLAND
PAOS
HEAVY

大學念社會福利，參加服務性社團「同濟社」；替代役在基金會，期間因參與當時總統大選期間的大型活動，與基金會總部的同仁合作得滿愉快。退伍後直接到基金會上班，至今已七年。就這樣嗎？甚至沒經歷過求職的過程、沒有遇到瓶頸，想要換工作？他似乎絲毫不覺得這樣一路直走不曾轉彎，有什麼不尋常。在基金會負責志工發展部門的他，主要工作是辦營隊，隨時要接觸新的人，不但自己要能快速融入，更要幫助夥伴或參與的人們適應。「我可能到印度帶兩個禮拜營隊後，終於結束回到台灣，立刻又要啟程去澎湖，下個活動馬上要開始。」門上貼著滿滿關於營隊的各種文宣與國外寄回的明信片，說起這樣的「營隊人生」，滿滿盡是熱情與毫不懷疑的篤定。

蒐集公仔的嗜好顯而易見

那怎麼會下班後，就變成是另一種性格了呢？「以前有空會去看電影、唱歌、聚會、甚至沒特別想買什麼也會跑去Costco逛逛，可現在，就算偶爾有聚會，也是結束了就回家。」他邊細數、邊思忖著，「可能是年紀吧！」他說，想想又說，「也許是工作所帶來的飽和感，下班後與週末變得只想待在家，看卡通、上上網，或什麼事都不做也好。」

「我完全沒辦法一個人欸！」他說，「我不會一個人出去；我從不一個人逛街、看電影。可是我也不太會主動約朋友，都等朋友約我。」充滿活力的他認真地強調著說。口氣仍輕鬆而溫和，但內容卻毫無轉圜之地。「我連一個人吃飯都不要。我會外帶回家吃。一個人吃飯，看起來很可憐。」或許就是對「一個人」如此敏感，才選擇了這樣處處需要團體行動的工作，「我們一家大小都是喜歡往外跑的個性，爸爸媽媽在我們小時候就常帶著我們去露營，或許是因為這樣，所以長大後自然而然也選了這樣『到處跑』的工作，也不覺得有任何不適應。」而William的父母對於兒子的工作給予最多的支持。看著自己一個人笑倒在沙發上的William，真的很難想像他獨自一個人孤單的樣子，活力滿滿的他，從事多年、四處跑的營隊生涯看來也會永遠的持續下去。目前在永和的住處是他工作後的第三個租處，門口「開門見喜」四個字，像是閃亮亮的招牌般照亮了這個租金不斐的小房間。

R_門上一張張明信片記錄著營隊生涯

誰說人生只有一條路？勇敢走出多種可能性——「想為自己買單」的兼職人生

大環境或許對年輕世代不友善，但只要對新機會抱持開放態度，就可以找到自己的路。

葉郁湘．
1989 年次．
劇場演員／美甲師／打工族

【10 坪，月租 10000NT】
新北市中和區

R_ 空間小，站了二個人也就滿了
L_ 超過上百的住戶，名符其實的蝸居

看起來有成千上百戶如蟻窩的大樓老社區，外牆已斑駁，郁湘住在高樓層，一開門，映入眼簾的是角落裡的瓦斯爐與流理台，走道空間只能容納一個人，再往裡頭走兩步，就是一小張沙發與一張床，些許陽光透過紗窗落了進來，「這就是我的房間」，郁湘有點害羞的說，圓滾滾的一雙大眼透露出幾許天真。

一進門的景象：被安置在角落的迷你流理台

她還非常年輕，目前戲劇藝術大學延畢中，除了不定期接劇場工作，也在樂器行打工，且擁有簡單的美甲光療工作室。除了學費、生活開銷，因為想更獨立，如她口中的「我想為自己買單」，剛搬出與姐姐同住的公寓，工作的迫切性也包括得付房租，仍持續一邊唸書一邊工作。因為從小學音樂，意外發現自己對於聲音的敏感度，「我可以聽到別人聽不到的頻率。」，因此在劇團負責的是公共音響工程，負責喇叭、音場設定等工程面的工作，而美甲師的身分，則是因為幾年前為了去加拿大打工度假而學，後來雖沒順利出國，卻拿下了美甲的專長。喜歡攝影，出一本攝影圖文集也是放在心上的事。從事美甲的收入高過在樂器行打工，「最好的時候大約一個月三萬初頭。」但這不到十坪的小房間，月租須一萬多元，扣掉需要自付的水電費，生活開銷也相當吃緊。

儘管熱愛劇場，她卻不願鬆口說真會把這份熱情與專業設定為未來方向，「我們一群同學好朋友，當然也夢想一起組劇團，但哪敢這麼天真。」她說自己同好友們有著相似的際遇，都有過優渥、無憂的童年，卻因為這個或那個原因，突然被從美夢中叫醒；從小長大於其中的這個城市，不僅顯得陌生，甚至越來越有一種讓人無法攀上的冷漠和殘酷感。即將踏入社會，可大環境對年輕世代而言似乎並不友善……，說起客觀事實，她卻未顯得對悲觀或憂慮。「沒有一定要走劇場，除了當藝術家太辛苦，也因為我還有其他興趣和專長，若真的要為了一件事，放棄其他的東西，我會覺得很可惜。」

正在實踐中的《熱情人生的冰淇淋哲學》

簡單的個人美甲工作室，工具一點都不馬虎

曾經參加過的校園戲劇表演《深夜食堂》

「我和我的朋友們，眼睜睜看著台北變得這麼可怕。」強烈的用詞，卻並未伴隨一絲憤怒，她只是認真地說著。在台北長大的她，生活很能回應這個城市的脈動，總是在學習新東西、對各種新的機會與計畫抱持著開放心態且適應得極快。但以成長過程中的觀察，她覺得台北或許本質沒變，可人心卻是退步的，令她感到不溫暖。怎麼說呢？「比如有時回租處時東西忘在門口，鄰居明明看到了也不會提醒你；或當郵件投遞錯了，鄰居不會按照上面住址舉手之勞幫忙放進郵箱，而是直接扔掉。從小父母、家庭給了我很大的安全感，他們雖然後來離婚了，可父親臨終前仍回到家人身邊。我從那時起對於必須由自己去發動或承擔的『未來』或『家』，在腦中有了比較清楚的畫面。」

總覺得，因為人手一支智慧型手機的原因吧，社會變得很冷淡，人與人之間有很強的競爭關係，真實的聯繫變得淡薄。「不過，」她想了一下補充說，「我的美甲工作室也因為這樣很快就上軌道，如同我的客人說的，在他們看來，來做美甲服務會覺得很溫暖，因為人和人會面對面地說些心事。」

她最重要的收藏是一個以美甲的手模型做成的燈具，除了直接指涉了她的一部分生活重心，最深刻的意義且在於這剛好呼應了她時時放在心中的一段鼓勵，「在我非常挫折的時候，姐姐曾跟我說，低潮時，你就看看自己的手，就會知道自己要往哪裡去。」她一邊回憶，一邊伸出手端詳，然後說，真的，一個人若能認真看自己的手，就會找到屬於自己的路。

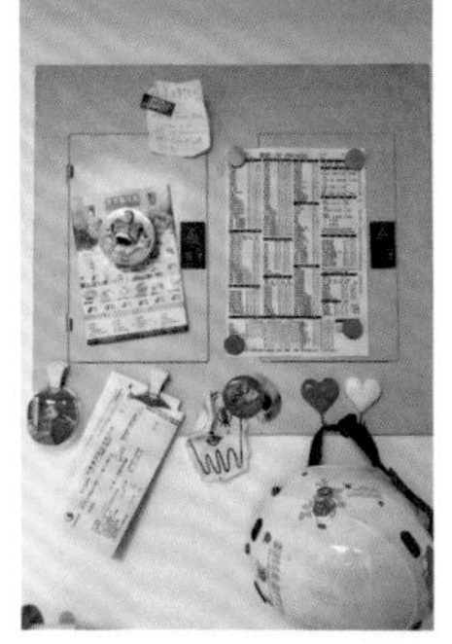

手模型做成的燈具在房間內成了最顯眼的特色

059　生活是鍛鍊靈魂的妙方。

美國輕武器設計師
——約翰・白朗寧（John Moses Browning）

TPC
100-L

有了夢想就得有計畫——我要在大台北買一間房

最終我要在這裡落地生根，就算買房子會是很沈重的負擔，但還是會想這樣做。

陳湘凌，
1986 年次，
展場主持人

【6 坪，月租 6000NT】
台北市信義區

主持工作必備「小禮服」，反映了部分台灣商業活動主持人的既定形象

隔壁就是台北市信義區知名豪宅，狹小巷弄中，亮麗的一〇一就矗立於眼前，似乎觸手可及。超過三十年的老公寓，玄關處的照明只剩一盞燈泡，在昏暗的燈光中，夢想的亮光從湘凌的房裡傾洩而出。

「我以前也做過網路廣播主持人。」桌上擺架了一隻麥克風，看來已有段時間未使用，湘凌說起話來字正腔圓，口條清晰，先天的優勢讓她自然而然往一般人口中的「演藝圈」發展；

公寓少說三十年，天井由欄杆圍起，微弱的燈光輕輕照亮圓夢的階梯。

二〇〇五年，她參加「世界小姐選美比賽」，開始有了經紀人，短短兩年裡接觸了表演，參與包括廣告、電視連續劇、綜藝通告等演出。

只約六坪左右的房間，整齊有序地掛滿了跑活動時必備的小禮服，「我原本目標是在演藝圈闖出知名度，但後來發現自己和這圈子的調性不合。要能待得住演藝圈，必須能隨時融入人群，不管是在舞台上、在劇組之中、或等待期間，都要能和大家打成一片。可我是個慢熱的人，又是一個人進去圈子裡，所以覺得格格不入。」她說。

這種情況在綜藝類通告尤其嚴重，可偏偏當時經紀公司雖然簽約之初說有一部戲劇要開拍，但後來一直沒拍成，而公司其他主要又都是綜藝約。事實上，就算不管類別，工作還是很有限，所以她只好先接別的邀約，「比如建案活動、企業家庭日等不需要太資深的主持經歷也可勝任的。」她說。

主持作為一個專業，其實有很多東西要學、要由經驗中慢慢累積而來，「台風要很穩，講話要字正腔圓，這都是最基本的。除此之外，反應還要很快，比如尾牙時有喝醉酒的長官衝上來，比如展場活動時因沒拿到廠商贈送禮物而抗議的民眾，都要有辦法既安撫他們，又撐住現場氣氛。」她說自己台上和台下完全是不同的兩個人，這不像演藝圈時必須面面顧全，擔任主持人時，她可以在不同身分間切換。

玄關：花瓣狀的燈，只剩一盞燈泡，也掉了四片花瓣

來自高雄，說自己是典型的南部小孩，從小就很喜愛表演，但只放在心裡，從不敢說出來，大學考上了文化大學國劇系，才讓家裡知道。「媽媽說我從小就愛唱歌，小時候有次跟家人參加旅行團，搭遊覽車，從高雄到苗栗，我就這樣唱了一整路。」可能是因為從小就有明確的夢想與目標，她大一參加選美，大二與經紀公司簽約，一邊在學校裡念戲劇，一邊追求在幕前發光發熱的夢。「其實學校所學和在外面做的事不一定那麼直接相關，但那讓我比較不怕面對人群，一上台，就可以直接開始。」

她覺得自己對台北還算適應，因為一上來原本應是最艱難的磨合期，可她有學校作為一個緩衝，在安全的情況下慢慢熟悉步調。但在節奏之外，「人」的本質性差別讓她花了較多時間。「台北人和南部人不一樣，他們很直接，很清楚知道自己想要什麼，比較功利，若你對他沒有用，他可能就會和你比較有距離。」

「可是我這些年來覺得自己好像慢慢被同化，我已經不像年輕時那麼熱情，會老想找朋友一塊出去吃吃喝喝。現在我也顧自己比較多，除非是從小一起長大的老朋友，否則就不會想特意去經營。」她淡淡地說。

曾經也做網路廣播，書桌上仍留著麥克風

浴室裡的燈座已鏽蝕，漏水已留下千年痕跡

對於未來，她已確定自己會在台北落定生根，並打算在新北市買一間屬於自己的房子，「就算買房子會是很沈重的負擔，但還是會想這樣做。我還是想要有自己的房子，或許現在賺的錢讓我要過很久的時間才買得起一間房，但如果固定儲蓄，以後收入或許會增加，達成買房目標的過程就會縮短。」人人口中說「在台北買房」這樣遙不可及的夢想，於她卻是一個堅定的目標，似乎沒有不可能；「但我現在主持人的工作，賺的是『年輕錢』，這行看的是外表，年紀大了就不能再做了。加上現在年輕女生一直出來，也會壓低價錢來換取經驗，這行也變得競爭越來越激烈。」但務實且講求計畫的她，已決定之後要轉往設計一行。無論是眼前或未來，在她眼裡都顯得如此篤定與踏實，在她身上，對夢想的堅定表露無遺。

如果大家覺得我表演得很好，購買一千元，謝謝。

葉時廷・
1989 年次・
雜耍藝人

【約 6 坪，共三間，含地下室】
【成員合租。月租 40000NT】
台北市文山區

T_ 一整列稀奇古怪的戲服與道具
U_ 所有道具與「傢絲」全部都分門別類、各得其所

……間房、一個看來原本是廚房但改為放置表演道具的地方、一個原來是客廳但擺著一張大床墊供團員睡覺的空間，「這床墊是女朋友的姑姑贊助的。」他靦腆的笑著，這裡，是他與團員們的表演基地。時廷與朋友合力租下一層公寓，月租四萬，問起這麼重的租金該如何負擔？「就和團員們想辦法一起分擔囉。」一個不算是真正有回答到問題的答覆，卻也透露了船到橋頭自然直的爽朗。包括地下室一間供表演練習用的場地。收入勉強尚可說「穩定」，

「剛開始時，往往一個月收入扣除房租等開銷，也只剩四千元。」目前處於正走在「努力脫貧」的路上，時廷臉上充滿了笑容與堅定，「這台小貨車，是新竹市長贊助的，我們會開著小貨車出去巡演，也會到育幼院。」最好的收入來源，是接商業活動表演。但一場商業活動的價碼多少？「像上次去外縣市表演，一場大約是八千。」但這八千元還得分給四、五位團員們，還不包括自己開車所花掉的油費。

「小時候家裡開文具店，老是拿著網球拋來丟去。有天媽媽看到一個客人很有氣質，問她念什麼，她說戲曲學院，家人就把我送進那裡唸書，而我也設定主修和未來想做的是雜耍。」戲劇化的情節，他卻說得理所當然。雜耍指的是物件的拋接，雜耍藝人的工作範圍包括在如信義商圈、西門町的表演（要考街頭藝人證照）、接尾牙、春酒、派對等通告，在活動上表演，另一種是台灣較為少見的，是選秀比賽。除了平常的工作，他此刻正在準備瑞士的「Young Stage」徵選。

他說自己是個害羞的人，不同於人們通常認為的只有有信心的人才能站上台、在人群面前，他說自己的信心，其實是在舞台上建立起來的，「我感覺舞台上的我，才是真正的我。」他說。儘管也還擅長倒立、翻跟斗等不同雜耍項目，但他仍特別鍾情於拋接，「就是一種感覺，覺得更有興趣，隨時都想練習。」雜耍這領域，要至少三年、每日至少四小時的訓練養成才站得上舞台，但即使可以表演了，仍是只要一鬆懈，身體就會遺忘那個感覺。要不出錯，就不可以有放鬆的一天。

床墊就擺在客廳正中央，採訪當日剛好躺了隻獅子

「小丑妝」必備工具

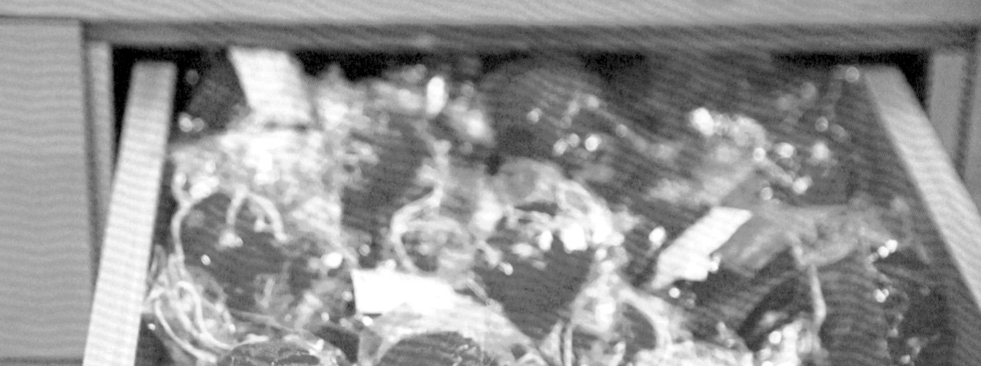

光是小丑的紅鼻子，也滿滿一抽屜夠自成一格了

但即使是如此密集而小心的維持技巧，他仍感到有份欠缺。直到有天，他接觸了小丑劇場，恍然大悟，「我意識到我應該要找到一個語言，可以和觀眾站在一起，和他們溝通，甚至給出不同層面的啟發。」他說。他開始在技巧之外，追求並思考更多可帶來象徵與意義的表演方式，甚至融入台灣當前等議題各種脈絡，雜耍除了是消耗性的看熱鬧，也還可以帶來意義。

年紀雖輕，他對表演所可以創造的世界，卻有著縝密而深刻的見解。可能因為重視內在省察與思索，來自中壢的他，雖然很早就來台北唸書、「其實已經算是台北人」，但至今仍覺得這個城市步調太快、感到自己是被催促地推著走。二〇一四年，他去了法國土魯斯表演，為那裡的生活節奏所著迷，「這才是生活呀！」他說。而一回到台北，又感覺立刻被框限於框框之中。

「不過其實去南部或東部，也會有如釋重負的感釋重負的感覺。可能的話，以後會想去那裡靜下心來創作。」

以他的觀察，雜耍藝人在台灣是很吃香的。可他無法這樣就滿足，他想的是讓更多人瞭解雜要所能展現藝術樣貌。他有個近期的計畫，要開著一輛一．七噸的小卡車，一打開，就是個舞台。藉著小卡車舞台的靈活與機動性，可以進入更多社區與偏鄉去表演，重要的尤其是藉此建立不同的觀眾群、刺激不同文化，快速給予觀眾一些深刻的什麼。

但即使是如此，仍然在雜耍表演的路途上永遠不敢懈怠，說不定，台北的節奏還正苦苦追趕著時廷內心努力向上的步伐。

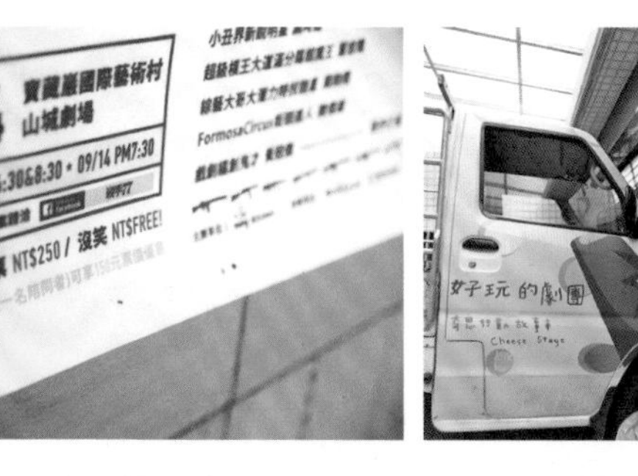

L_ 沒笑：免費

R_ 靠著一台小卡車走過全台灣

沒有管理員卻要收管理費的房子
因為台北，完成了曲折蜿蜒的文化之路

勿忘初衷。
她說，要努力推廣台灣文化。

李明俐．
1984 年次．
文化行政工作者

【10 坪，月租 16500NT】
台北市中山區

R_ 在台北租屋難得的衛浴乾濕分離
L_ 無論到哪裡工作都待在身旁的媽祖公仔

「那時對台北啊，幾乎可以說是恨吧，像沒完沒了地永遠在下雨。」她是楠梓人，在高雄文藻學院唸書，是在南部一路長大、求學的孩子，初次北上工作的記憶，讓她笑說直到現在想起當時的感覺，還是有揮之不去的沮喪。甚至一直到了多年後，因為要以公館寶藏巖聚落作為論文而得再次來到台北，心裡忍不住質疑自己的決定，「我一直反問我自己，這樣真的好嗎？」她大笑。

WE
ARE
GETTING

明俐的租屋地點位於台北市的精華地段，月租一萬六千五百元，只約十坪，一間乾濕分離的衛浴，一個小小的流理台，沒有管理員卻要收管理費一千五百元，每天有人來收兩次垃圾，再外加收清潔費三百元。那麼那筆管理費到底交給誰了？「我也不知道，或許是交給物業公司吧？所以每次在網路上買東西，都還是得請人送到公司，不然這裡沒有管理員可幫忙收件。」她笑著描述這個荒謬的狀況，唯一讓人感到服氣的是，這小小的空間有著相對舒適與美觀的裝潢、完備的家電，麻雀雖小但五臟俱全。但也或許如此，相較於大台北的其他邊緣地區，租金也跟著攀升。

最早前的事似乎已經很遠了，可像是一種古怪而執拗的緣分，一切都從這裡開始。

挾著以語文教學全台知名的畢業生身分、在當地找份穩定的補習班教職工作絕沒問題，她卻一畢業就隻身來了台北。第一份工作是在「琉璃工坊」，付完房租後，薪水便已所剩無幾；每天從板橋騎機車通勤，「雖然當時板南線已通了一部分，但最近的新埔站停車不易，若被拖吊開罰單，那可是完全負擔不起的。」夏天酷熱、冬天嚴寒，一年四季都在下雨，沒有朋友、老是生病，她恨恨地放棄。撤離了台北，曾經再不想踏進這城市了。

她在單親家庭長大，「家人給我很大空間，遇到問題時，我只能自己去找答案、靠感覺決定接著的路。不過，我一路上遇到好多貴人。」她口中的貴人，就是奇妙地會在關鍵時間點上出現的人，他們可能為她指出一個她沒想過的方向、可能帶來一份及時的協助或提議。

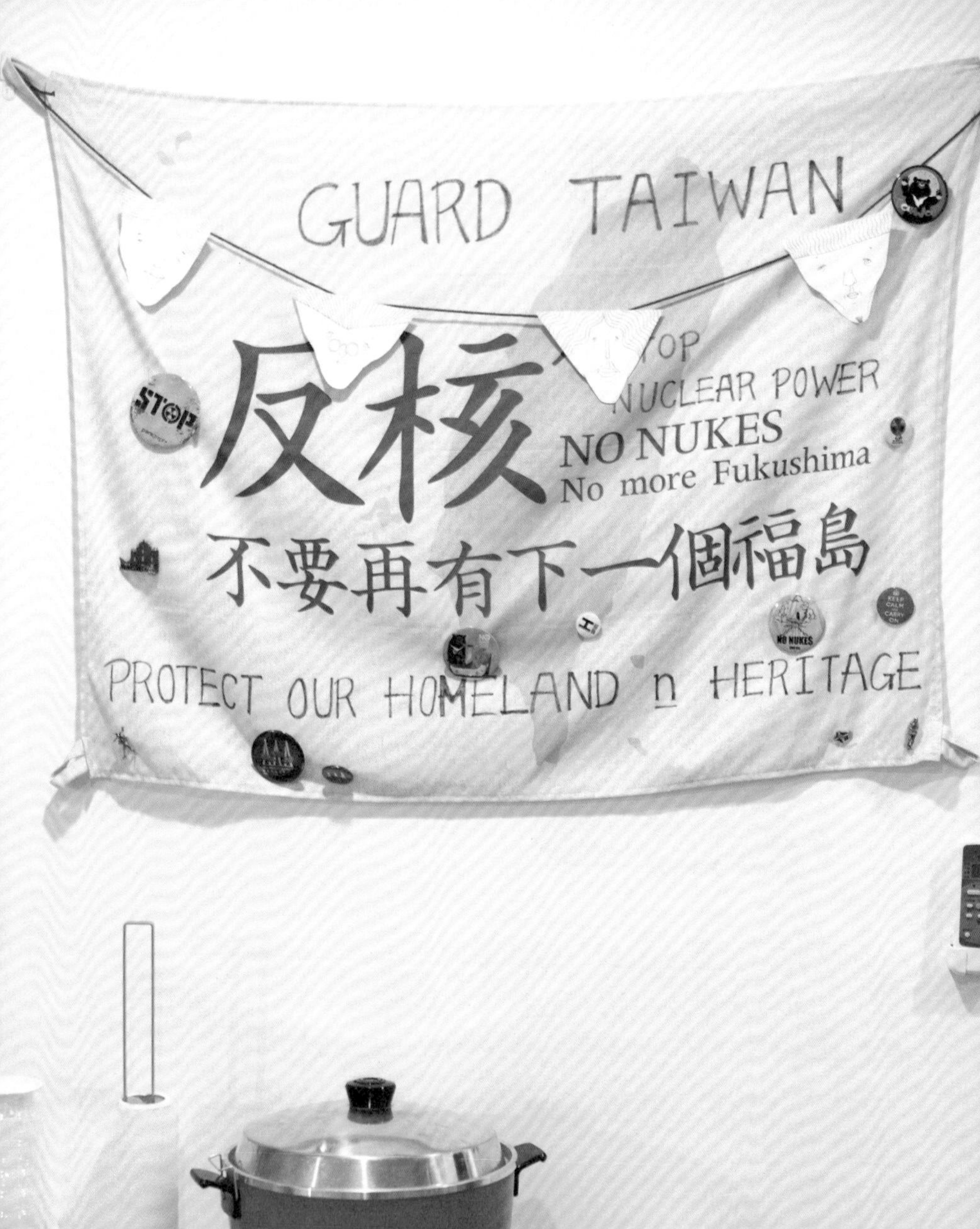

GUARD TAIWAN
反核
STOP
NUCLEAR POWER
NO NUKES
No more Fukushima
不要再有下一個福島
PROTECT OUR HOMELAND n HERITAGE

房間內牆上唯一的裝飾

憑著一份要從事藝文工作的直覺，她沒有科班或生活脈絡的完整養成，沒有人脈，一路試錯、一路摸索，可今天回頭看過程中每個環節的銜接，竟巧妙地像是被精心設計過的。

離開台北後，她回學校進修，接著去英國念文化遺產，論文寫完回到台灣，行李一放下、時差還沒調回來，就投入台北藝術村團隊，忙到沒空找房子，好一陣子就住在樓上的藝術村工作室。待慢慢上手，似乎已經學得差不多了，無縫接軌地換到她口中「經歷過最辛苦的工作」，她加入北投 solo singer 老旅館復興計劃的籌備，一個人做遍了所有的事，「三十八度高溫時，帶著 mac，在工地待上一整天。」她描述著那個畫面。而旅館風光開幕，她卻已來到了目前的工作，這次是接受政府委託專案，收入相對高些。

短短時間裡，她講了一個迂迴卻又精巧、充滿戲劇化的故事，儘管還能感覺到每個轉折處至今仍迴盪著的感受，但她無意令情緒有任何一種形式的發酵。拿起自己的收藏，為整個故事做出註腳，「這隻鐵鑄的蝸牛是我在英國唸書時的小東西，搬了幾次家，都放在手邊，提醒我勿忘初衷。」她說，「要努力推廣台灣文化。」

此刻的台北正又濕又冷，但這不再是這座城市在她眼中唯一的樣子。

A cappella 大夢想 不加思索走上的劇場之路

只要不去想自己賺多少錢，就一點也不覺得房租貴了。不受金錢限制的人生大計，正毫無阻礙的實現中。

不點．
1987年次．
劇場工作者

【6坪，月租6500NT】
台北市中山區

廚房占地比房間大，不禁讓人莞爾

「一路上也曾動搖過，第一年只有一個人，後來第二年有人來合作，那個人後來變成『A劇團』的固定成員了。」一個頭嬌小，綽號叫做「不點」的她，渾身散發著清爽的氣息。三十年老公寓的位置就恰好被四個捷運站包圍，到哪裡都很方便；或也因如此，與兩位室友合租三間房、附客廳與廚房，租金需達二萬一千元，不會覺得有些貴嗎？「不會呀，只要不去想自己賺多少錢，就一點也不覺得房租貴了」，秀氣的臉龐頓時浮現了「XD」的神情。

一袋又一袋的自製道具，屎伯不知為何特地被拿出來....

「小時候媽媽常帶著我到處去看戲，她常說或許就是因為這樣，才『害』我走上這條路的吧！」大學修的是農業推廣，在家人不反對但也不支持的情況下，獨自創立了「A劇團」，做的是A cappella音樂劇，今年邁入第四年。「A劇團」是在台灣將A cappella與音樂劇做結合的少數劇團之一，雖說固定每年都有演出，收入仍然不算太穩定；「我們都是票房平分，一人大概都在二千到三千元左右，但卻是排練了三、四個月的成果。」為了支持自己的生活，也在位於鬧區中的咖啡店打工，相較之下，咖啡店領的是月薪，讓生活穩定許多，「劇團加上咖啡店的收入，最好的狀況是一個月可以有三萬多。但，這只是一年中大概一、兩個月才有的哦。」小小一間房約五到六坪，但不點對這樣的空間已覺得很滿足，「我以前住過更恐怖的，二坪，租金也要六千多元。」不點做出了個超戲劇化的詫異表情。

扣除每個月不含水電費就要六千五百元的房租，其它零零總總的生活開銷真夠應付嗎？她環顧小小的房間，恬靜的說其實自己的生活開銷一點都不大，目前賺的錢對她來說還夠用，但就是已無空間可儲蓄。這樣是否會擔心未來？「會呀，有時候還是會。看到自己的同班同學已經買車買房的，自己還是會擔心。」一邊說著沉重的話題，卻又一邊狀似輕鬆的笑著，在夢想與現實之間的掙扎，淡淡的閃過她的眉宇間，「劇團的道具大部分都是我們自己做的，為了省成本。」將大袋子打開，不點拿著一頂縫有黑色蕾絲的帽子說。

曬衣架上的襪子花色蔚為奇觀，是客廳裡最特殊也最顯眼的風景。

房間只容得下一張床，床鋪上架起迷你小桌，也就可以工作了

「我們這棟老公寓隔壁，就是一棟豪宅喔，新蓋的！」、「前面有一家烤肉店，每次都從外面飄來烤肉香，好過份。」生活裡的細節在她眼中都有值得一提的新鮮感，彷彿無論身處在哪裡，她總能在日常裡挖出點什麼新鮮事。「接下來希望可以去美國唸音樂劇導演。」談及接下來的計劃，她瞬間擺脫了些許稚氣，換上大人的口吻，就是因為走上了表演之路，更應該出國學習，她堅定的說。表演的路，會就這麼一直堅持下去吧？她點點頭，沒有太過戲劇化的表情，卻充滿了篤定。

最後，來解釋一下為什麼要叫做「不點」。原來因為個子小，老被人稱做「小不點」，「但後來我長大了呀，一點都不小了，所以把『小』字拿掉，就變成『不點』了。」說著說著彷彿又出現了「XD」的表情。的確，不點一點都不小了，大大的夢想正在她身上發酵，她從小小的陽台探出頭來向我們揮手，彷彿看到一個當紅演員正在舞台上揮手的樣子；不點的舞台人生大計正在付諸實踐中。

即使是只靠冷凍水餃過活的日子，仍然堅持九十%的作品都要讓自己爽

必須先取悅自己，再取悅別人；創作應該是一種態度、生活。

Pia，
1986年次，
獨立歌手

【8坪，月租8000NT】
台北市文山區

R_ 莫名出現一盒雞蛋，靠近一瞧，才發現是雞蛋狀的沙鈴
L_ 明星(?)海報，歌手生涯的證明

Pia相對較幸運，除了租到一間約八坪大的房間，還有一間可用來彈琴、玩音樂的工作間，空間不過四到五張榻榻米大小，「剛開始時，收入很不穩定，一個月可能不到二萬元吧，扣掉房租、水電費，有時都要靠朋友寄冷凍水餃來啊。」又指指旁邊一排花了血汗錢才買來的吉他：「如果發生火災我就可以回高雄了。」說完大笑了起來，爽朗的笑聲穿透了牆上早已被貓抓壞的吸音棉。

小小工作室，仔細一看，吸音棉多處被貓抓壞，吸音功能令人懷疑……

從二〇一〇年發第一張EP起，她的樂團成員不斷更替，來來去去，「獨立樂團有成員改變很正常，但換得這麼頻繁，就不正常了。」她苦笑說。歷經樂團不斷重組，她現在決定自己一個人闖蕩，唱歌，加上一點木吉他或烏克麗麗。

她口中樂團成員所面臨的情況，也正是這個世代懷抱夢想的年輕人的縮影，大家都熱愛音樂，也一度矢志走這條路，絕不回頭。「可是，隨著年紀漸長，身邊同年紀的人有了家庭，事業也持續發展，看著人家過穩定生活，其實是會慌的。」

「對成員紛紛離開的結果，我並不驚訝，只是覺得可惜。我曾那麼希望團員一定要留在這圈子的。我都告訴他們，我的腦海甚至已經有大家未來合作的畫面」。

一張頗具歷史的椅子，陪著 pia 度過無數創作的寒暑

拿的是交通大學企管系的學位，畢業時曾為了是否要走音樂而徬徨，也在該年開始的22K薪資計畫裡當了一年的網路記者。「但後來覺得，不能花太多時間在上班。樂團默契很重要，應該花更多時間來練團。」

她在二〇〇九年參加了某個知名的選秀節目，那是有創作歌手項目的第一屆，可是在三十強時就被淘汰，這經驗給她很大的打擊，她開始覺得應該發展自己的道路。選秀到底得跟著收視率的需求走，參與者被暗示選特定的歌曲——要有爆點、最好可以飆高音。自認是慢熱的表演者、需要時間和聽眾慢慢磨合的她，還來不及在比賽中唱自己的創作，「由此也才更瞭解自己。我發現對我來說，創作應該是一種態度、生活。」她說。

音樂
專訪
11/26 Wed.
Pia
大師駕到！
吉他彈唱秘笈大公開！
入場時間：6：40pm
活動時間：7pm
地點：雲夢湖畔
(下雨天 at 活動中心中庭)
facebook.com/piastudio
W.A.MOZA
PRAGUE
戀夏小情歌

PiA 第2張專輯
生活不就是這樣 2014.07.11
發行
sincerely music
keep Pure
秋天的花草派對
羊毛×PiA演唱會
11/9
PM 20:00

DHL
xhibitor

長久以來，她一直以教吉他作為最主要的經濟來源，雖然在心上總有一份茫然，但她不曾想過別種人生。堅持與累積終於慢慢開花結果，到了二〇一三年，商業演出的邀約越來越多，相較前幾年剛上台北創作音樂時，生活慢慢穩定了一些，「以前曾經要靠悠遊卡，就是到7-11刷卡過活這樣。」那也得悠遊卡裡的錢夠多吧，眼前的pia提起曾經面臨過的困難，不皺一下眉頭，反倒是充滿了幽默與一些渾然天成的喜感。

但受歡迎，是否也意味妥協的危險呢？對於獨立音樂人來說，會不會有包袱？「一次跟前輩陳昇聊天時，他對我說，做一張唱片的指標就是，百分之九十的作品都要讓自己很爽。必須先取悅自己，再取悅別人。」她說。

她將自己的音樂界定為遊走於主流與非主流間，希望大部分人都可以聽懂、喜愛，她很重視分享，將之視為推廣的基礎。儘管已經是有些知名度的音樂人，她對三十幾歲後的展望，仍是希望可以回家鄉高雄，為年輕孩子創造一個可浸淫地培養音樂素養的環境，「小港是沒有音樂的地方哪！我想回去貢獻才華。」她笑說。

不同於許多創作者會斷然而毫無保留地表達著對夢想非如此不可的熱愛，她始終顯得溫和和淡然；但當說起租處的收藏，一個是整間全存放著從經濟最拮据時一路買的高單價吉他，一個是好些長得像玩具的小樂器，除了可愛，表演時可用來增加效果。她說著它們的故事，眼睛閃閃發光。

感覺妳根本就是很愛音樂的啊！「嗯，這樣說來，好像真的是耶。」她又恢復了平靜，微微地笑著。

一箱又一箱裝載著色彩的彩妝繽紛人生
真正認識自己，才能把服務做得更細膩

台北生活步調非常快，所有的事都瞬息萬變，但不太有懷疑或猶豫，只想著怎樣讓自己融入得更好。

曾名辰．
1983年次．
彩妝師

【8坪，月租12000NT】
台北市信義區

R_書架三層放的全是一箱箱化妝的傢絲
L_桌上一本VOGUE，為主人的職業下了恰如其分的註解

「當初選擇租這邊是因為覺得環境還算單純，」名辰就住在烤鴨店樓上，房間內含一套獨立衛浴，名辰以先天對美感的敏銳，將這只約八坪的小空間布置的很有時尚流行的氛圍。茶几上的雜誌與VOGUE，放眼所及，一盒又一盒、一箱又一箱裝得盡是彩妝師該擁有的「傢絲」，曾擔任知名彩妝師小凱的助理二年，剛自立門戶不久，合作對象包含藝人與各種相關商業與廣告活動，第一份工作是在髮廊打工，業務需要時也會提供髮型服務。

「收入是這一兩年才較穩定，前幾年一個月最多大約就是二萬元。」目前租的套房一個月就得一萬二千元的租金，「這在信義區還算便宜了。有些根本不止。」面對一路走來的心得，名辰滿懷感激，「一路上遇到幾位貴人，包括美鳳姐。」他指著書架上的女明星照片，仔細一看是演藝圈的大姊大陳美鳳。因為大姊大的指定，讓他開啟了另一段不同的彩妝生涯，讓他對這條彩妝師的路更加篤定。

名辰看上去很有一般人對時尚圈、演藝圈預設的光鮮亮麗的印象，當他以完美的笑容、得體而誠懇地一字一句描述著因不擅也不喜交際、將自己封閉在個人世界裡、以致於工作一度有了嚴重的瓶頸，聽著，與其說是不協調感，不如說是對於人，不得不將真正的自己、很謹慎地保護起來的坦然。

他是台中人，對彩妝這件事完全是一見鍾情，因為一次發表會，從此他就把這個夢想揣在心上，原本在學校學的是牙體技術，與彩妝師一樣都需要手巧的天分，終究拗不過心裡對化妝師的憧憬，就這樣上台北，從助理做起。前老闆在各方面都教了他很多，但面對這位角色導師，他一直以來，更把重心放在技術上的精進，「一方面，我是個慢熟的人，本來就不是很懂經營人脈這方面的事，另一方面，覺得在這部分似乎應該不要太積極，畢竟還是會擔心有未來會把客戶搶走這類的誤解。」他緬靦地說。

可是當自己獨立開始接案，才發現工作不止是擁有一身好技術，對自己有正確的定位與人脈的開拓，其實是同等重要的，整個磨合的過程一度讓他感到相當挫折而疲憊。幫助他度過這

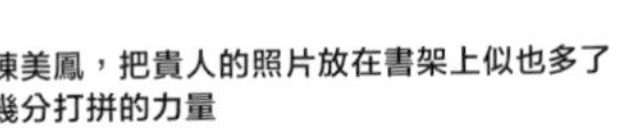

陳美鳳，把貴人的照片放在書架上似也多了幾分打拼的力量

鍋具、瓦斯爐、烤箱、零食與衣物共處

提高思考能力，
会有提高行动の水準
因此会有更大的
作為

快樂的生活
不是来自血統，也不是
生活方式，而是品格
自立精神

個轉折的一系列心靈成長課程，除了專業上將大量心力放在對流行與資訊的關切，他也開始學習反過來對自己有更多的認同與瞭解，「要真正認識自己，才能把服務做得更細膩，將服務的對象變得更好。」

會接觸這方面的知識並非偶然，從還在當助理的時期，前老闆就曾提醒地叮嚀他「不能缺乏靈魂」，意思是期許他必須培養出自信。在這之前，憑著對彩妝的喜愛，他一頭熱地往前衝，卻不曾自問為什麼、又要達成怎樣的目標，在這樣的情況下，一個人做出來的事是不會有他個人內在更深層的質地的。他將這席話放在心上，當工作遭遇難關時，首先就想得從這個點上去下手。

來台北四年多，他搬過四次家，覺得台北生活步調非常快，所有的事都瞬息萬變，必須很積極才不會被淘汰。儘管不認為自己有特別適合這樣的節奏，但由於這份工作似乎是離不開這城市，他也就不太有懷疑或猶豫，只想著怎樣讓自己融入得更好。但也隨著他對自己的處境和狀態有更多的信心和掌握，原本與家人較緊張的關係也逐漸變好，「現在有時休假就算只有一天，也會跑回台中，陪陪家人，窩在家裡什麼事都不做也很開心。」

他的租處有個櫃子，每一層各自象徵著他生活中的精神支柱，一層放著他用第一份薪水買來的刷具，一層是支持自己上台北圓夢、開咖啡店的哥哥所給的咖啡，以及一個下班後投進零錢象徵聚寶盆的盒子，另外，在一場義賣會買來的鹽燈，讓原本常睡不安穩的他獲得了一份平靜的力量，「每天晚上，只要點著這盞燈，我就可以睡得很好。」他說。

圈內多少仍盛行招財偏方，書架最頂端擺放著一對招財吉祥物

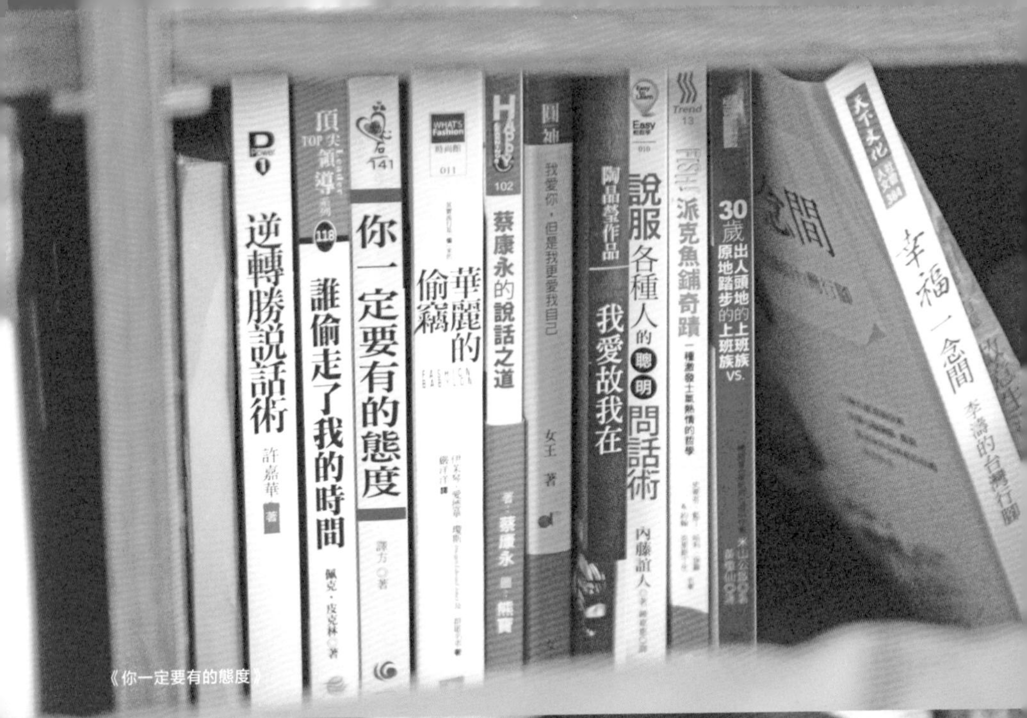

《你一定要有的態度》

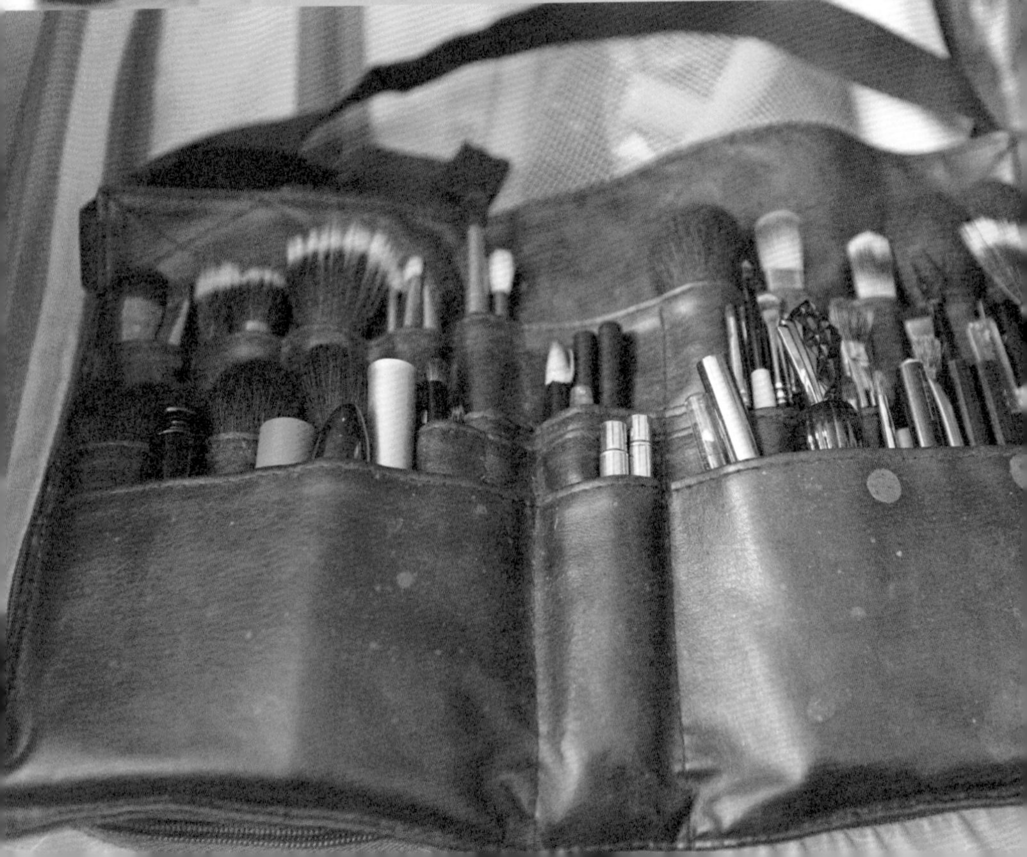

107 生活一如童話，或許你所需的只是信念。

——華特．迪士尼（Walt Disney）

已脫貧——一路走來，對夢想仍不懈怠的雜耍技藝小世界

以前努力，是為了超前，現在努力則是為了不落後；但更多的是專業的深耕與用心經營，在每一項細節上都要真摯完美。

卓家宏・1980年次・扯鈴表演者

黃文維・1980年次・行動雕像表演者

【各6坪，合租，月租15000NT】
新北市板橋區

從IKEA買回的「高腳床」，床在第二層，書桌沙發書櫃全擺放在床底下，空間巧妙利用。

因為有這兩個大男生一起合租，普通的居家空間頓時完全成了不同的世界——小小的客廳，沙發之後，便是整排表演用的奇裝異服：釘滿亮片的、日式和服、白雪公主裝……，抬頭一看，架上滿滿全是表演道具，說得出名字的、說不出名字完全不知道是幹嘛用的，應有盡有，狹長的空間內猶如魔術箱，你永遠不知道再多走一步就會瞧見甚麼樣令人驚喜的東西。

自己動手為表演服裝裝上 LED 燈，開關不知縫在哪……

「穿著小丑服裝的魔術師，和小丑在變魔術，是兩件不同的事。」文維是小丑，也是魔術師。「前者並不真的給人家小丑的感覺，小丑只停留在服裝和化妝上，演出沒有內化，觀眾也許不懂這麼多，但潛意識是知道的。而小丑變魔術呢，肢體演繹方式較為逗趣，比較像是將魔術注入小丑的表演。」在台藝大學的是戲劇，因為學弟的緣故而開始玩魔術。相較於一般魔術社團由基礎練起，以長時間的練習讓技巧熟練，他是將戲劇所學結合魔術的機關來進行表演。雖然也變魔術，但他更喜歡當小丑。「小丑可以帶來歡樂啊！當然有時心情不好，還是要笑，會有點辛苦，但這種情況不多。」他稱自己是比較開朗外向的個性。

他說自己從小就愛現，喜歡站在舞台上，如願以償地進了小時夢想的戲劇系，曾想當劇場演員，但在學校期間對這一行有了更多的瞭解，擔心收入不穩定，生活會很辛苦，因此也就一邊思考轉化的可能。但即使不是直接走劇場，只要是表演工作，戲劇系的訓練還是重要的，「學校的教育幫我打了紮實的基礎，懂得更靈活去演繹道具，對細節的掌握也更精準。」接觸了小丑之後，將之與魔術結合，創造出獨創的表演內容和風格。

退伍後，曾在百貨公司打工一年，但仍無法抵抗心裡對表演的熱愛，因此重回表演圈，一開始也曾在賣藥的場子做表演，有時一個月不到一萬元的收入；就在三年前，他發現台灣的行動雕像藝術尚未深耕精化，便開始在這個領域鑽研，這項表演藝術往後也成了他如今成功的關鍵，「現在業界競爭太激烈了，以前努力，是為了超前，現在努力則是為了不落後。」他語重心長地說著這些年的觀察。隨著電視有更多素人表演節目，民眾對於擁有一項技藝這件

水桶裡擺什麼？
刀劍棍棒——你在魔戒裡看到甚麼，水桶裡都有

事開始感興趣。「更多人進來也算是互相刺激，但素人畢竟價碼開得低，對如我這樣的專職表演者難免有影響。」他說。

他是新竹人，但從高中就到台北，也因此覺得像是有新竹、台北兩個家。「可能待得久了，對台北也很習慣。只是還是會把新竹比較歸類為休息的地方。」歷經了各種轉折，在大環境或演藝生態的不容易之中，做出考量和選擇，但他一路說來，仍顯得雲淡風輕。「現在穩定多了，已經可以全職做這件事了。合作過的客戶也會再次找我，多半是各種行銷活動呀，用表演來吸引人潮。當然，我也是有證照的街頭藝人。」他淡淡地說。不過，並不因為接案源源不絕的順利，言語中仍是關於這件他終於創造的角色的篤定。

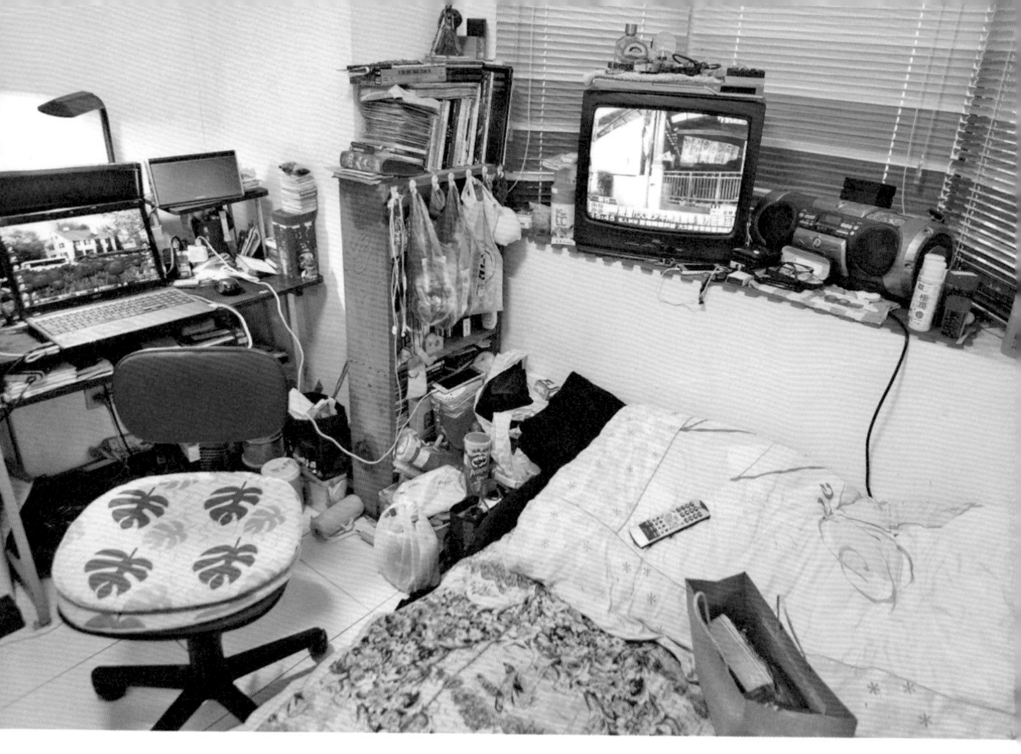

家宏，先是就讀戲曲學院，後進入體育學院，與文維相同都有著開朗的氣息，說起話來沒有文維特有的喜感，但卻多了份穩重。這份穩重或許來自於常常出入各項扯鈴大賽所鍛鍊出來的特質，也或許來自於正處於青年階段的他，在四年前便開始接演中國大陸各地的商演，廣見世面，收入相較於剛畢業時也穩定許多，房間裡的櫃子上擺了一排排的扯鈴，房門後掛著表演服，文維笑說：「他那些都是特製的！」家宏拖出一個木箱，抽出一雙鑲有水鑽的扯鈴棒，又指指那繡有飛龍的表演服，「這件是手工繡。」扯鈴這項技藝對於家宏而言，不只是一樣維生的工作，更多的是一項專業的深耕與用心經營，在每一項細節上都要真摯完美。

CHIMEI
LG

說起這間已經租了十年的房，兩人的房間都不過六到八坪；「有遇到好房東，十年以來從未漲過價。」兩人笑著。以後會想要搬離這裡嗎？「不會吧！」文維叫到，「一萬五真的很便宜呀，現在到哪裡租一萬五的房子。我們巷內有家雜貨店，前陣子出售居然喊價到九百九十萬耶！」

小小客廳裡就擺了四盆發財樹，即使目前收入都已趨向穩定的兩個人，對於物質的感受依然是淡泊而傾向維持現狀，而生活在台北，多年一路走來，堅定的特質在兩個人身上特別鮮明，如今已處於「脫貧」狀態的兩個大男生，仍然對自己的夢想毫不懈怠。

表演道具一箱箱，雜耍江湖上維生的必備密技

終有一日要成為厲害的美術指導毫不猶豫的電影夢

因為認識了很多有趣的人，現在覺得台北很溫暖；對待現實生活的態度，也有種「既然發生了，都是合理的」的自在。

劉邑琳，
1991 年次，
電影美術助理

【5 坪，月租 5600NT】
新北市永和區

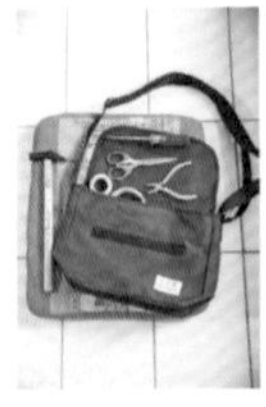

R_ 被當成門檔的恐龍
L_ 在拍攝現場必備的工具腰包

「當初會選擇租這邊，是因為很喜歡浴室的磁磚復古花色！」窗外下著雨，室內感受到一股台北特有的潮濕，邑琳打開浴室的燈，讓我們能好好欣賞當初她選擇租屋在此的「重大原因」。或許就是這一股天生的浪漫，讓她能在環境極簡的條件中仍怡然自得：洗衣機聲音很大、冰箱不冷，一台電視、二台電扇都是壞了的，房東從來沒修過，「我跟室友就坐在客廳裡假裝在看電視，還會叫對方：『欸，轉一下台啦。』」才二十五歲的她笑瞇了眼，又指指房間的窗廉：「那是從電影拍攝現場帶回來的。」

從拍攝現場帶回來的窗簾也是復古花色。

至今仍有使用的畫具。黑貓默默隱身於五彩繽紛的顏料之後，很懂得入鏡的技巧。

「看了《燕尾蝶》和《入侵腦細胞》後，我決定，電影場景設計就是我人生要做的事。」她說，語氣甜甜黏黏的，跟笑容一樣。稍一分心，會錯覺面前是個正在摸索人生方向的高中女孩。

但這場毅然的內心戲，發生的時間其實在數年之前，如今的她，真的成為了電影人，職稱是電影美術指導下面的助理設計師。歷經多部音樂錄影帶、廣告、短片和有百貨商場的場景與美術設計後，隨著人脈慢慢建立起來，她已正式進入劇情長片的團隊。

場景設計的工作內容包山包海，無論圖面整理、道具尋找、現場跟場看需要做哪些調整，都得負責。「比如導演可能突然說，『前景有點空喔！』，那我們就會趕緊要去想辦法……但每次拍片就是對於某個世界的學習，比如影片設定在日據時代，我們就會去研究那時的物品和環境看起來是什麼樣子。」她說。

出生在高雄仁武，「那是很偏僻的小地方啊！其實不會知道未來有哪些選項可以挑。」因為從小學畫，大學念了從台灣師範大學美術系分出來的師大設計系，「系上主要的方向其實是平面設計，那時課餘打工，一邊做著排版，一邊暗暗告訴自己，三十年都做這個我沒辦法。」她露出驚險的表情。「可是，也因為這樣，拍片工作總是比較不穩定，我還可以接平面設計的案子作為經濟來源。」

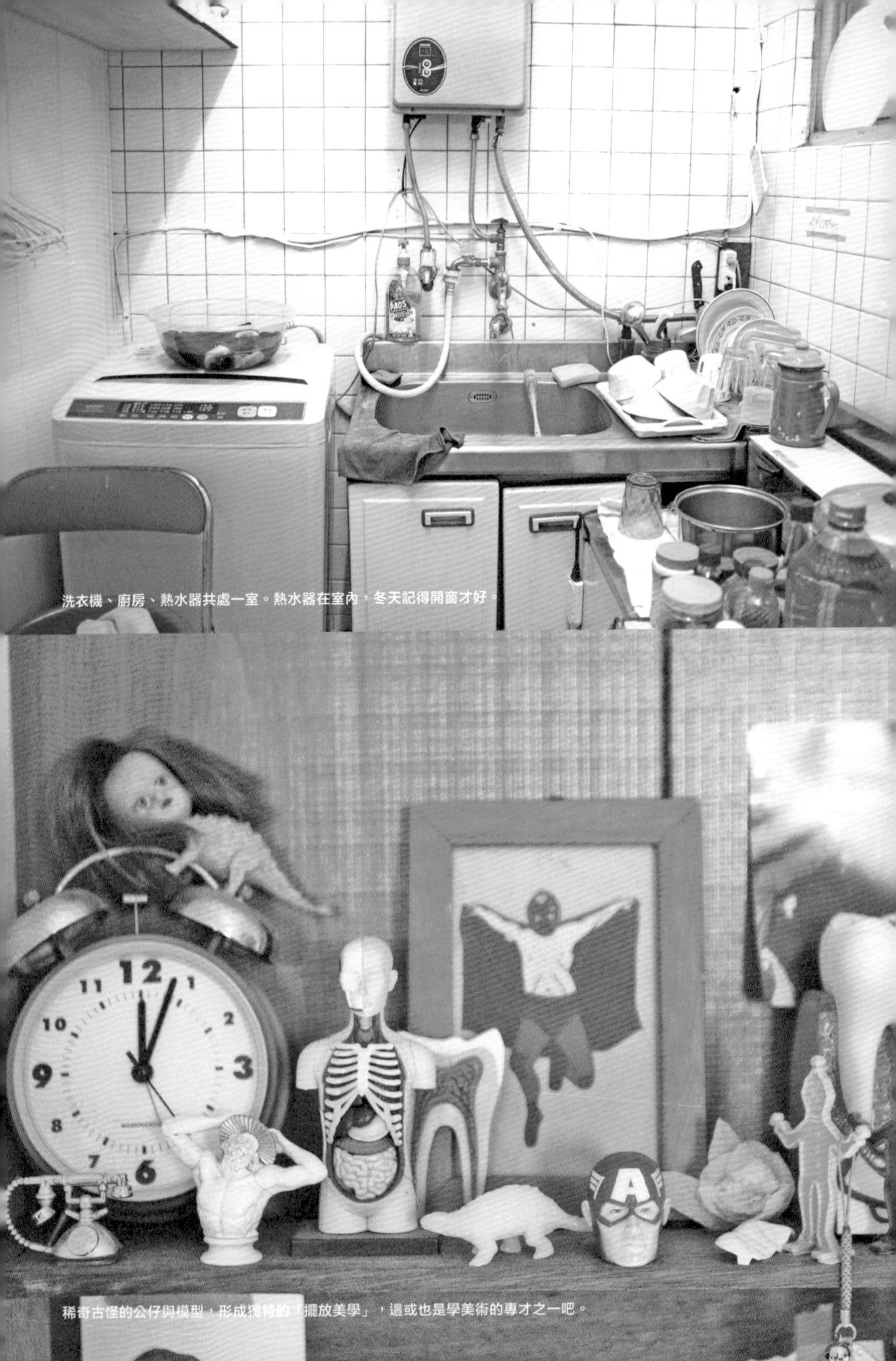

洗衣機、廚房、熱水器共處一室。熱水器在室內，冬天記得開窗才好。

稀奇古怪的公仔與模型，形成獨特的「擺放美學」，這或也是學美術的專才之一吧。

仔細一看，床頭櫃上裝的是鏡面。黑貓真是無處不入鏡 .....

手機
錢包
鑰匙
悠遊卡

拍電影是很辛苦的吧？看起來白淨、秀氣的她，走在這條路上，有這麼理所當然嗎？「是啊，非常辛苦。」她的語調和內容實在對不起來，「除了需要很多體力之外，拍片還有個普遍的迷信，就是女生不能隨意坐在器材箱上，否則會帶來霉運，廣告圈尤其嚴重，以前剛入行不懂，一不小心會靠在設備上，前輩們會非常不高興呢。」

大學時喜歡上電影後，到現在更是變本加厲，毫不猶豫地說一輩子都要拍片之外，休閒生活也是在租處或電影院看電影，喜歡的美術風格是「復古、有點怪誕、繽紛」，可能是這樣，她對待現實生活的態度，也有種「既然發生了，都是合理的」的自在。

「從小就覺得長大一定要去台北，很想出去看看，看外面的世界。到台北唸書後，一切都灰灰、濛濛的，好多人都戴著耳機、口罩，像要把自己跟別人隔開來。」加上寒冷多雨的天氣，她一度難以融入。可隨著立定志向、打進了拍片的圈子，醞釀有無數機會的這個城市，從另一個角度緊密地連結上她，「可能因為認識了很多有趣的人，現在覺得台北很溫暖。反而是之前拍片回高雄一陣子，竟有種『回不去了』的感覺。」

「前輩們老對我說，等時間更久一點，我對電影的熱情也會被現實給磨光。可我發現，每次看到很棒的片子，他們還不是照樣非常興奮！」像是間接地重申決心，看來沒有什麼可以勸退這個「要成為厲害的美術指導」的女孩。

全部都是撿來的：活在當下，只怕生活不好玩
音樂是生命中必然的一部分

最窮的時候，一罐果醬吃上好幾天。
但生活中滿滿都是精彩的事，
仍打定主意會在這裡闖蕩、直到最後一刻。

侯曉君 1980 年次・
蘇瓦那 1983 年次・
蘇瓦那 x CMO 樂團經紀與成員

【三房，樂團成員合租。月租 15000NT】
新北市三重區

T_ 一個在團練時會使出的閃光神祕道具，很顯然只是搞笑作用 ....
U_ 自種空心菜，是否有點過於稀疏。

「妳現在眼前看到的所有東西，都是撿來的。」居然遇到才剛見面就迫不及待承認自己很窮的受訪者，「那台冷氣機啊，是從外面跟人家撿二手的，回來自己用『矽力控』黏上去。」「我們有在陽台上自己種空心菜喔！煮麵的時候可以加來吃！」到陽台查看，數根空心菜正用盡力氣長高。「蘇瓦那 x CMO 樂團」的基地，眼見所及，都是以克難的方式所組成。簡單的空間，由其中四位團員合力租下，其他團員則在練團

經紀人侯曉君

經紀人的王位。啊是有認真工作嗎，不小心拍到 FB 頁面

時帶來食物作為補給與交換；這個空間音樂從未少過，笑聲也從未斷過；不斷產生滿滿的能量。

她與他是「蘇瓦那 x CMO 樂團」的掌舵手，這是台灣少見的結合原住民音樂與室內樂的樂團。她擔任樂團經紀，他則是樂手和負責人。主持一個不特意向主流靠攏的樂團，生活會是怎麼樣的呢？她白天是藝文單位的正職員工，負責行銷和媒體，晚上或週末再到樂團幫忙，一手包辦申請補助、接演出案子、規劃表演、文宣的定調與視覺表現；曾拿過三次金曲獎的蘇瓦那，在演出的淡季或票房情況欠佳的情況下，主要收入來源是接劇團的案子，在裡頭擔任音樂指導、音控，此外也接小提琴的家教工作。而其他團員也都各自有正職工作。

一方面，工作的內容就是熱愛的事物，且作為創作者原本就無時無刻把音樂的事放在心上，「連睡覺都是帶著耳機。」他說。另一方面，位於三重的租處不但是他居住的地方，練團、創作也都在這裡。頂樓加蓋，「最大的優點就是沒有鄰居抗議！」他對這租處的特別之處下了個註解。她與他異口同聲地說，他們的生活可說是全投入在這裡，「過去會與朋友固定聚會，現在變成乾脆邀朋友來看我們練團、表演。」她說。

3. 東京音頭

LP

樂團靈魂人物蘇瓦那

她大學念的是公關，研究所念了藝術管理，曾在風潮與角頭唱片工作，後到藝文單位，她並不把白天的穩定工作視為為五斗米折腰的忍耐，「我本來就喜歡藝術，藉工作會可接觸到許多表演或展覽，且看到好的、能刺激靈感的節目，還可以推薦給樂團，為創作注入更多養分。」她轉頭看了看他。

他能唱、能玩小提琴、大提琴、鋼琴，原本念法律，「但也只是因為興趣而已。」他輕鬆地說。來自台東德高部落，所有樂器都自己摸索得精通，把音樂看成是生命中必然而當然的一部分，不曾因挫折或經濟不穩定而萌生退意。「確實，台灣目前還是重視潮流多過音樂的藝術性，但反正我們不急，創作者重要的是專業、用心、對得起聽眾，總之就是走一輩子的路。」他聳聳肩。

「生活啊，很貧窮啊！」他不特意雕琢詞彙地爽快說道。兼生活與工作的空間由撿回來的家具所組成，櫃子、床箱、沙發、就連冷氣都是都是議價許久買回人家要淘汰的、自己組裝而成；陽台上的花盆種著他自台東老家帶回的空心菜，說是沒錢吃飯時可吃這些菜，「這不是開玩笑的。以前最窮的時候，就是拿著一罐果醬，要吃上好幾天。」他說。

她和他仍認為生活中滿滿都是精彩的事，仍打定了主意會在這裡闖蕩、直到最後一刻。說起人們或要覺得辛苦的日常點滴，她與他從頭到尾都帶著笑容，像交換或共享勇氣那樣輪流看向對方。那並不是天真的樂觀，而是人生的鄭重與認真，他們更想留在自己所相信的哲學，她說「我覺得，就是要活在當下，我只怕生活不好玩。」他想了想，接著說「我從不會做會後悔的事」。

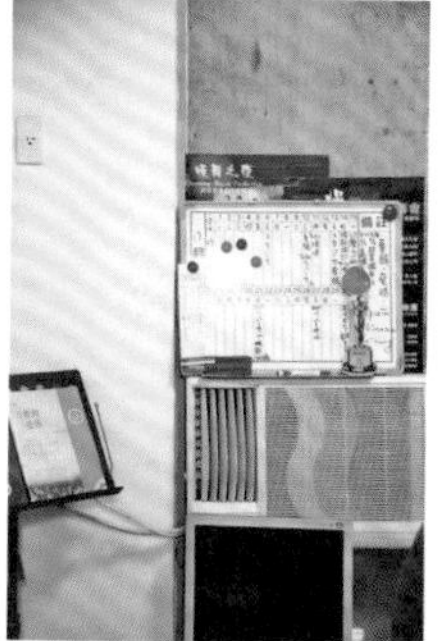

傳說中自己用矽力控黏上去的冷氣機

接到什麼樣的工作，就過什麼樣的人生
運用城市能量，努力吸取藝術養分

台北的日子，是吸收養分的階段；善用城市生活、自覺地醞釀、累積，清楚自己想要做的事、想成為什麼樣模樣的人。

Joanna Wang・1981年次・電影工作者

【5坪，月租8000NT】
台北市文山區

膠卷腰包布膠帶，拍攝現場必備

「接到什麼樣的工作，就過什麼樣的人生。」Joanna靠在房門邊，提起過往一段在劇組的日子。廣電系畢業，許多電視電影劇組、導演組、美術組或場務組，都可見到她的身影，工作不穩定且忙碌瑣碎，後出國修得碩士，然而就在回台找工作的二〇〇八年，卻碰上全球金融爆發，求職的路變得超乎想像的艱困。「那時我只能先回台中住，一邊投台北公司的履歷，整整半年都沒有下文。」也因為這樣，只好先回劇組，

「做出國前就在做的工作，我當然很無奈啊，但也沒有辦法。」，其中包括在她的家鄉台中水湳拍攝的李安《少年Pi的奇幻漂流》。

「總覺得自己進度很慢。」她談到相較於以前同學，自己似乎仍無具體進展，話說得重，但語氣仍是爽朗的，眼裡卻有份明白的篤定。約莫五、六坪大的房間裡，最顯眼的是一塊黑色大布幕，「那是從劇組撿回來的，被我當窗簾用。」她笑著，又從角落裡拖出看來被埋沒多時的工作箱，膠卷、拍攝器材、裝滿工具的腰包，都留有多年來在劇組奔波的痕跡。

上台北後便在木柵租屋，雖是租的地方對她也有家的意味，但因待在租處時間並不多，對附近社區到沒有特別有感情，「台北的房間不會特別想要怎樣布置。……但我台中家裡的房間三面牆被我漆成粉紅、天空藍和巧克力色。」在她心中似乎有幅精細的配置圖，直覺地讓生命中各個事項據有其不被混淆的位置。

工作包來自合作電影《少年 Pi 的奇幻漂流》

15歲時覺得游泳難 放棄游泳
到18歲遇到一個喜歡的人約你去游泳
你只好說 "我不會耶"

18歲時覺得英文難 放棄英文
28歲出現一個很棒但要會英文的工作機會
你只好說 "我不會耶"

人生前期越嫌麻煩 越懶得學
後來就越可能錯過讓你動心的人和事
錯過新風景

我越努力 運氣就會越好

為什麼會從劇組生活轉向紀錄片工會的辦公室生涯？「還是想要有個較安穩的工作，但我給自己定了三年期限。ＮＧＯ團體並非以成長為主要取向，感覺在裡面能持續面對的挑戰與學習，好像會比較受限。」娓娓道出這一路確認自己想要走的路，看似溫和的她透露出其堅韌的一面。「未來啊，我想拍實驗電影。」像是已經問過自己無數次，她慢條斯理地說，「而且實驗電影一個人就可以拍了。」她補充說。

她很滿意現在的生活，將在台北的日子看成吸收養分的階段，看電影、看展覽、聽講座，善用城市生活、自覺地醞釀、累積，變成她日常的重心，覺得越來越清楚自己想要做的事、想成為怎樣模樣的人。謙稱自己還一事未成的她，整個鍛鑄夢想的沈潛、醞釀過程，其實已來到尾聲。新的日子正要開始。

房貸揹與不揹之間——兩個八〇後女生的台北租屋生活

曼嘉：扛著房貸，生活品質不是很差嗎？
明萱：可是，都擔心房東會突然把房子收回去，也不會想花錢裝潢自己的家了。

林明萱 1987 年次．
林曼嘉 1987 年次．
娛樂業行銷

【各 6 坪，合租，月租 20000NT】
台北市信義區

R_ 對公寓來說實在過於華麗的水晶吊燈
L_ 客廳牆上特地挖出的「對外窗」，令人莞爾

她們是從大學康輔社時期的好友，現在不但是同個公司，且是共租一層公寓的樓友。一層樓分租給三個人，因為是熟悉的老朋友，租屋處有著些許「家」的氛圍。

玉米鬚茶
200
PASEO

TATUNG

關於台北的租屋生活，兩人異口同聲地說，「鄰居很重要。」租的老公寓，隔音效果不佳，樓上樓下的聲響很容易互相影響，「很明顯的差別就是，老住戶都會懂得要放輕腳步、關門小聲，盡量不要影響其他住戶；可新住戶不但沒有這個共識，去提醒他們，也不會承認，而就算好不容易稍微改變了，可能搬走了換新住戶進來，一切又重新開始。」明萱看來非常無奈，曼嘉笑著看了她一眼說，「以前的經驗還是有差啦，像我在高雄住的就是公寓，本來就有心理準備。但明萱是住透天厝啊，會更難習慣。」

「以前家住透天厝，跑上跑下的，上台北後都是租小套房，活動空間變成只有床邊狹窄的走道。這裡算好的了，至少還有公共的空間。」明萱說完，指著牆上被挖出的一小扇窗，「那個是售票亭。」說完自己笑彎了腰。一扇拱型小窗詭異而突兀的出現在客廳牆上，窗戶打開，竟直直可瞧見她的五坪小房間。這，這扇窗戶是裝飾用的嗎？不是哦，是因為房間沒有對外窗，房東就在這開了一扇，聊勝於無嘛；至少空氣可流通，打開窗戶於是可從房裡望向客廳，形成奇特而有趣的情景。

她們其實各自走了相當不同的路，後來才又碰在一起。明萱原本念的是心理系，畢業後在非營利組織的弘道基金會台北辦公室工作，曼嘉則是法文系，畢業後出國念領導管理，回來後做的是彩妝業務。現在每個月的收入是底薪加上獎金制，好的時候會到三萬多元，租金由三人分攤，不含水電費、網路費，這樣一算，房租大約也是佔了月薪相當的程度，「公用住宅方案我們恐怕還租不起咧。」明萱開朗地笑著說。

明萱是苗栗人，一度拗不過父母的期待而回到

相當清楚的開支明細，
台北的租屋生活每一分錢都要精準計算

苗栗，「可是離開六年再回去，好像已經變得不適合那裡了。」她每個月都要固定回台北至少兩次，每回都待個幾天。而對曼嘉來說，剛上大學時，曾覺得台北很快，後來出國唸書，有種回到高雄節奏感的感覺，相比之下，回到台北時反而覺得輕鬆而宜居，「就覺得台灣真好。」她說。

曼嘉覺得自己受西方影響較深，想在台北生活，且不覺得有必須擁有自己房子的壓力，說這或許跟她不喜歡超乎能力的事情的個性也有關係。「扛著房貸，生活品質不是很差嗎？」她說。可明萱不同，她還是覺得要有自己房子，才能安心，生活才能真的安定下來，「不然每天都擔心房東會突然把房子收回去，也會不想花錢裝潢自己的家了。」她溫和地說，眼神卻是堅定的。無論買不買房，兩個小女生對在台北生活工作的未來，都不曾懷疑。

在本書中常常出現的大同電鍋，聽說紫色的貴一點

從混沌未明走向成功圓夢
永遠期待著一個更有挑戰性的人生

碰上金融風暴的職場初生之犢，繞來彎去地走了又長又複雜的路；但曾發生的事盡是祝福。

148

葉淑華，
1985 年次，
離職圓夢中

【6 坪，月租 5000NT】
台北市文山區

T_ 花台的另一項功能：堆放垃圾
U_ 鍋碗瓢盆雜物等都藏身在速食與罐頭之後

租屋處沒有附廚房，鍋碗瓢盆與泡麵堆在小冰箱上，還有個搶眼的螢光橘砧板；只約六坪大的房間內，最多的是書籍，「我是個很需要自己時間的人。」她說，外人眼中的她外向、活潑，可在喜歡與人親近、來往的另一面，是個時時掛念、珍惜著要有能靜下來思考、反芻生活的餘裕的她。「下班後，我幾乎都待在租處，聽音樂、看書，做什麼都好，對了，我尤其偏愛自我探索方面的書籍。」她說。

畢業於台灣藝術大學電影系，目前在教會的聖經學院工作，電影和宗教的選擇與經歷，看來是那麼特定、強烈，讓人有份既定的想像，可放在一個人的生命史，其扮演的角色、發揮的效應，是不知情的外人無從勾勒的。

「大學時期，附近都是有志於創作的同學，從他們身上，我發現創作的驅動力必須要是生命深處某個黑暗或未明的源泉。我想在自己身上找那樣的東西。」她回憶說，可是，她一直找不到那個強大到足以支撐、指示未來道路的東西，因此陷入到不曾有過的迷失與困惑，加上當時家裡出了狀況，數個壓力同時到臨，這時由某個教授創作的老師引導，她開始接觸教會。但儘管心慢慢趨向安定了，未來依舊混沌未明。

她曾擔任系學會會長，在籌辦影展活動過程中，她看出自己不同於想走創作的同學，即是走向

比打工度假更重要的事。但內心最堅定的事便就是出國打工度假。

行政和企劃方面的能力。但從公關公司的整合行銷，到翻譯機內容撰述、影展工讀生、電視節目助理，職涯正要展開的關鍵時間點，卻碰上金融風暴，職場處於高度動盪、不願意信任與深耕的氣氛。

她提前了原本的規劃，先進入聖經學院就讀，如同大學時，又開始半工半讀的生活。「那時在電影資料館擔任閱覽室晚班職員，工作和生活都很穩定，那是我第一次有一段經濟與時間上都覺得餘裕。」她說。待學院課程結束後，因故再度陷入工作的混亂，「那時幾乎可用潦倒來形容，每到月底，我會算自己還有多少錢可用，然後吃土司度日。」她說。此外，遽然的失戀亦將她的規劃給全盤打亂，原本一直帶著平靜笑容的她，略略顯露了激動。

「教會介紹給我現在的工作，可即使我是教徒，對於在教會工作，……怎麼說呢，還是會有點覺得這工作不夠厲害。心裡很遲疑，」，從小想當女強人的她，在心中仍期待著一個更有挑戰性的人生。後來，這份工作既符合她喜歡接觸人的個性，又因宣教的必須去許多國家，她不再那麼抗拒。「但我其實已經要離職了，」她說著，眼睛亮了起來，「明年我就要去加拿大打工度假，出國打工度假是我高中以來的夢想，終於要實現了！」

面前的她，甚至還沒到曾預定重回校園的三十歲，卻已經繞來彎去地走了又長又複雜的路。「當然我某種程度會覺得是神的指引，……」她靦腆地起了頭，話卻沒有收尾。非得由這麼樣繞好大一圈到底是為什麼？無論什麼才是更精確的答案，對她來說，眼前已是那個「一切開始的地方」，由此往回看，曾發生的事總之盡是祝福，透著滿滿的深意。

吃完的便当盒要
處理过才能丟喔!
有看到老鼠
收到

路上我都會發現從未想像過的東西，
如果當初我沒有勇氣去嘗試看來幾乎不可能的事，
如今我就還只是個牧羊人而已。

——保羅・科爾賀，**《牧羊少年的奇幻之旅》**(El Alquimista)

設計工作、馬拉松、北港媽祖廟抬轎在生活與工作中平衡而專注地走下去

身在台灣，你不可能不關注這塊土地上發生的一切事情；台北唯一的改變啊，對了，就是讓柯文哲當選。

出外人，
1979 年次，
平面美術設計

【一房一廳，月租 10000NT】
新北市新店區

擺放陽台牆角、完全靠雨水補充的魚缸（當然裡頭是沒有魚了）

彎來拐去，「出外人」的租屋處就隱藏在高速公路旁邊的巷弄中。頂樓加蓋，外牆是最常見的二丁掛磁磚，放眼望去，前方、左邊、右邊都是頂樓加蓋屋。土生土長的台北人，學的是廣告，從事平面美術設計的他，上班族的日子過了十年，在三十歲前夕決心自己開工作室，搬出家裡自立門戶，如今工作與生活都在這一間加蓋屋裏頭，因為兼用工作室，除了臥房，還有一個客廳與廚房，精采人生全濃縮在這一層空間裡。

公司只有他一個人，還有他口中唯一的合夥人：一隻叫「二月」的貓。「雖然不會陪我出去洽公，但牠可是隨時都在公司坐鎮的。」、「現在競爭激烈，錢難賺啊。有時最差一個月也只有二萬元初頭吧。」一個月房租就得一萬元，獨立接案的關係，收入有時也處於不穩定的狀態。雖然如此，熱愛攝影的他，依然省吃儉用在攝影器材的蒐集上。長相斯文的他，對「跑步」這件事有著相當熱忱，老早是相當熟練的長跑者，從二〇〇七年開始跑到現在，「在那兩小時中，只有你跟你自己。」那種只管跑步、把通訊與工作都拋開，對他來說不只抒解壓力，且能促進思考、達到身心平衡。客廳有面牆掛著數十面馬拉松獎牌，相當可觀。

在他眼中，台北的人情味實在有些淡薄。「如果可以選出生地的話，我想選台南，那裡友善多了。」他說。但你根本沒在台南居住過啊！對，但就是一種很直接的感覺，他毫無猶豫亦毫不願收回他剛才的定斷。說起一次去台南，為了找一家小吃，他問一位老伯海安路怎麼走，老伯先是乾脆地要領他到那店家門口，兩輛機車這麼並排在路上騎著，老伯問他要去哪裡，「蝦仁飯？不不不，我帶你去一家真正好吃的。」就這麼改變他的計畫，「你還要吃什麼？我帶你去。」素昧平生的人，就這樣帶他騎遍了大街小巷。直到確認他的小吃任務完成，老伯才說，好囉，那我趕快去替我老婆包便當了。

你想，台北好像不會有人這樣做吧，頂多就是跟你講，紅燈過去左轉再左轉。他說。

DELL
DELL

因扛轎而得的一大串媽祖廟平安符

一整面牆多達六十幾面的馬拉松獎牌

Canon
Delighting You Always
捷運美食嘉年華
Canon Imagefest
影像嘉年華
國短毛貓
好照顧
2013北馬雙溪
櫻花馬拉松
42K男丁組
1947
新北市市長 朱立倫
new balance.
初馬
23568
感謝狀
茲感謝
未來映像工作室
參加信義房屋仲介股份有限公司主辦，台灣社區一家協進會協辦之「2012社區一家幸福公益平台計畫」，積極熱心社會公益事業，特頒此狀，敬致謝忱。
信義房屋仲介股份有限公司
董事長
台灣社區一家協進會
理事長
全馬42.195k
男-L
鐵人兩項組
310

戴著鴨舌帽，臉上時而表露出比實際年齡更為孩子氣的神情，讓人感受到工作之於他，永遠不會是人生中最重要的一部分。除了藉由跑馬拉松來平衡身心，每年農曆三月，他也必定下南部的北港朝天宮參與「抬轎」。為什麼有機會接觸到這件宗教文化的盛事？「緣分吧。」他指指客廳的柱子上掛了一大串朝天宮的平安符，「給你一個。」來自朝天宮媽祖的保佑就從他手中傳遞開來，又指指掛在牆上猶如藝術品般的衣服，「那就是抬轎時穿的。」宗教與他之間，像是有種微妙的牽繫，不用將勸人向善、前世因果的道理掛在嘴邊，神明庇佑凡人的古老傳說，就在他身體力行中一一體會。

「身在台灣，你不可能不關注這塊土地上發生的一切事情。」評論起對於不同世代年輕人在這幾年來一波波社會運動的表現時說，像他這樣的六年級生，在成長的過程中被教導了有些事情知道了就放在心上，不應該說出來；而七年級生相對地比較沒有包袱，什麼都可以大聲表達。他認為在這之前許多運動仍多為政治所操作，可如今已可真正就議題去談，「當然科技進步是很關鍵原因，以前電話得一個一個打，現在可能發個動態就可以立刻招募上千人。」儘管市長選舉已結束了一陣子，他出現時手上仍拿著選舉相關的文宣與貼紙，「台北唯一的改變啊，對了，就是讓柯文哲當選。」，談起這個城市時，他爽朗地說。而正因為這爽朗的個性，以及與一隻美國短毛貓一起經營平面設計工作室的熱忱，讓他在生活與工作中得以平衡而專注地走下去。

台北市最窮的資本家期待為這片土地注入更多能量與視野

這個城市是否有所改變？以台北所擁有的資源，不應該是如此停滯的結果。

藍士博．1982年次．社會運動者

【8坪，月租6500NT】
台北市中正區

R_ 土豪來了。房客的社會運動路線不言自明
L_ 以收藏神像為興趣

頂樓加蓋，六、七包垃圾大喇喇地擺放在門口，「大家都太忙了，根本沒時間丟垃圾！」士博完全毫不避諱，三四位室友同他一樣，都是熱衷於社運的同好，牆上、柱上滿滿的標語與社運文宣品，以紅紙寫成的「土豪來了」大大四個字顯眼的張貼在門上，一踏入共用的「客廳」，早已成了堆放各自物品的倉儲，曬衣架也有著社運分子的性格，毫不扭捏的擺在正中央，卻一點也不讓人感覺突兀。灑脫，大概就是這一間頂樓加蓋最好的形容詞。

台大濁水溪社，為這間頂樓加蓋下了最好的註解

成長於鶯歌，在明新科大念企管期間，轉學考上台灣大學中文系，再進入政治大學台灣文學所，居於台北至今。他是「游擊文化」出版社負責人，出版有《魯蛇之春》、《壓不扁的玫瑰》，且策劃、參與了《史明口述史》。目前跟幾位好友一起有了一間小咖啡店，身為小小的「店主」之一，「我是台北市最窮的資本家耶！」說完，士博自己大笑了起來。

咖啡店不只是他口中諸多計畫的基地，也已是台北充滿理想的年輕人的祕密落腳處，除了在寸土寸金的位址上仍堅持闢一完整的角落供各種社運或藝文議題講座使用、絕非裝飾用的擺滿了社會與人文書籍的書架，供應的飲料和餐點更清楚表明對小農與在地商家的支持。

看來十足社科熱情與社運性格的他，專科以前對未來最大的想像竟是想當運動員，曾是學校的棒球校隊，「本來想以後就算不是當球員，就是裁判。卻沒想到專一寒假，讀了張大春的《城邦暴力團》，竟一發不可收拾地對小說、對看書發生了興趣。」他笑說，「甚至，後來因校隊需要大量投入練習，會佔用到我看書的時間，我就因此離開了校隊。」。轉了一個方向、越走越遠，到了大學與研究所，他對未來藍圖的勾勒越來越清晰。

「我不是一般印象中那種浪漫的理想主義者，我是很務實的。」他一再地強調現實感於他的重要性。儘管做著的是人們眼中很熱血的事，可他永遠保持警覺，要兼顧各種考量、對事情排出優先次序，確保用可與現實相容的方式，漸步推移地完成。

似乎想要拼命突顯時尚感的廁所

TAIWAN STUDENTS FOR A FREE TIBET
52
陳金鋒
TAIWAN BASEBALL
Wake Up!
NO NUKES
你好大
我好怕
NARA
For a Better Tomorrow
STOP
ANTINUKE
WATCHING
你好
我不怕!
擁抱
台灣不是中國
咱台灣人要守護台灣
PEOPLE
勞苦大眾的
TAIWAN
革命者
REVOLUTIONIST
要自由得先獨立
INDEPENDENT
擁抱勞苦大眾的
革命者:史明
FREEDOM
台灣獨立
勞苦大眾出頭天
台灣民族主義
解決一切
TAIWAN
NATIONALISM
台灣獨立萬歲
史明
NO NUKE
自由之路
鄭南榕

二〇〇三年來台北後，求學期間多為住在宿舍，直到研究所時因想養貓而搬離宿舍，在溝子口租屋，「就是七等生以前住的那邊。」他補充說；兩年前搬到目前金門街的住處。這裡為一處頂樓加蓋，選擇的原因主要是認識房東，因此有較其他市區租處更為低廉的價格，地方雖舊但空間還算大，「可我一個禮拜有好幾天可能都不在台北。」如同談話間總穿插著不同身分的經歷而來的想法，他也變換著以這些不同的身分，穿梭在城市裡，要完成不同任務。

「台北或許多了幾條捷運線，但整體上並沒有一年年地為人們帶來驚喜。」他說，以冷靜但嚴肅的口吻談到他對這些年來政府表現的失望，「我在台北期間，幾任台北市長，除了人行道新換了一輪，還有花博等煙花式政績，他們還做了什麼？」，講到這個城市當前的景況，他表明了相當程度的疑問。

資源的擁有與運用是否公平合理，也成為他在設定自己未來計畫時的主要參照點。主持有文史與社運講座一場場輪番上陣的特色咖啡館、匯聚各路知識準備與實踐的出版基地，在他看來，如今他也擁有某種支配資源的位置，「所以，長遠而言，我期望把這些東西，將之資源相對少的、比如靠近我老家的桃園。我希望為當地注入更多的能量與視野。」

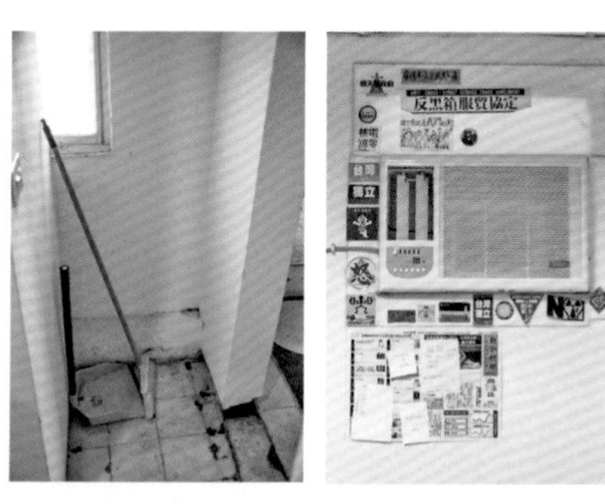

從「發現自己沒有才華」到咖啡店三年土法煉鋼，只為一圓電影夢

以圈外人的身分，在這個城市裡吸收養分，走上千迴百轉才爭取來的路。

熊妤璇．
1982 年次．
獨立片商主管

【二房，合租。月租 12000NT】
台北市士林區

R_ 開伙時順手捻來即是陽台上自種的蔬菜與香料類植物
L_ 炒飯。年輕人在外租房最常見的料理

與老公及一位室友合租的頂樓加蓋，在台北市而言算得上是佔地寬廣，相對舒適的環境，也讓三個年輕人感覺多了一份生活上的悠然與從容。採訪時間恰好在正午時分，妤璇熟練的拿出所有食材與調味料，白飯、從陽台摘取自種的九層塔、阿嬤自榨裝在中藥罐裡的豬油，豪爽的下鍋、大力的翻炒，瞬間客廳與廚房合一的空間裡瀰漫著鹹香味；「我的床頭櫃上全都是與飲食有關的書籍！」身為電影人，工作之外，她極愛的卻是烹飪。

高中時不顧老師的苦勸，因為愛看電視、對綜藝產業有興趣，一心想當電視人，「小時候看《連環泡》、《超級星期天》啊，都好喜歡，而且有柴智屏的例子，我想長大就要當電視製作人，像她一樣。」年少時的夢想仍如昨日般的熟悉，可如願進了學校，卻是漫長而充滿轉折旅程的開始。

「創作的人最致命的就是發現自己沒有才華。」，大三，系上吹起著拍片的風潮，多半擔任導演角色的她，拍著拍著，一轉眼就大四了，系上瀰漫著創作的氣氛，但卻發現自己對當導演沒有特別感覺，自認為沒有這方面天賦，突然就覺得好像完全沒有路可走了。在她眼中，拍片是很可怕的；只要一啟動了，大家就是得一直往下走，就算中間發現不對勁，也不敢停下來，氣氛變得很詭異，甚至會有衝突。「每天都很想哭。」她說。

離開了學校，她不願貿然投入職場，承受著家人失望的眼光，她專心當起咖啡店店長。一待，就是三年。雖然不是很刻意去想未來，但咖啡店那幾年大量看書、看電影，她發現將電影與行銷加起來，也許就是她想要的。她以近乎土法煉鋼的方式想盡辦法接近這樣的工作，最後，將近三十歲的她，咬牙用「願意無償在公司見習」爭取到機會、將能力與漫長的準備展現出來——她以幾乎是完全圈外人的身分，擠進了電影行銷這樣一個小之又小的圈子，「大家都說我的故事太勵志。」她說。

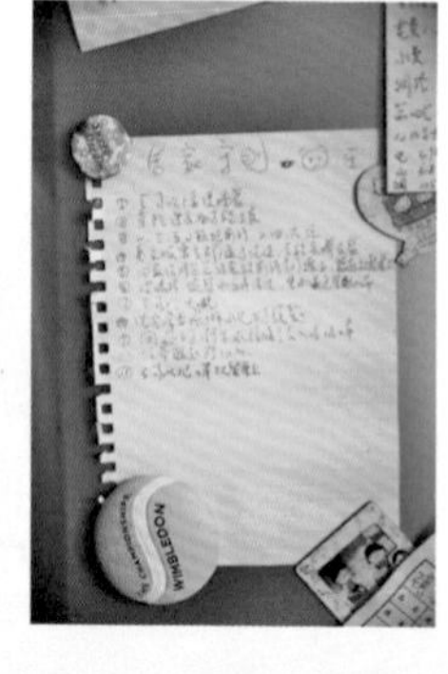

R_ 居家守則第一條：不可以隨便睡著

L_ 從陽台上摘來、用剩的九層塔順手插枝在咖啡渣裏頭

台北
回味
韓良露

Holiday KTV
2015年 1月上映
推拿
娄烨 作品
畢飛宇

如今的她，已是獨當一面的獨立片商主管。走上千迴百轉才摸索、爭取來的路，在這個城市所吸收的養分，且將她變成了與年輕時很不相同的女生，「可即使是這樣，甚至都已經結了婚，之於台北，還是覺得自己是異鄉人。」。聊起關於台北，「現在是最困難的時候，開始覺得對家鄉慢慢變得陌生，可仍對自己就是台北人這件事感到遲疑。」回想著一路走來，靠著自己的堅持，好不容易才爭取到的電影行銷工作，這幾年才結婚、先生且是台北人的她苦惱地說。

隨著年紀漸長，越來越嚮往單純與緩慢的生活，過去一心在台北想找一條自己的道路，安定下來，才發現人在這個城市裡的生活，並不是她喜歡的質地，更別說是為了想要有自己的房子，還得把全部人生押下去。

她與先生正在想，也許之後有了孩子，想讓孩子可以有個不要那麼競爭、自在的童年。不同的階段、不同的願望，她臉上浮露著同樣堅定的表情。

成功訣竅：做的比人家交代的多很多
以拚命三郎之姿走進夢幻電視台

借了一筆錢，就直接上台北向某知名電視台報到了。在電視台工作本來就是我想做的事。她說。

電視台節目助理 ·
1991年次 ·
董姿穎

【10坪，月租5000NT】
新北市汐止區

R_ 跟主人的生活一樣，鞋子也走繽紛路線。
L_ 放在橫梁上的神明。在靠近天花板的高處默默保佑。

「我很努力，很認真，真的非常認真。」她一直掛著笑容的臉上，露出像做出承諾或保證那樣的嚴肅表情。

二十四歲的她，現在是某電視台知名美食節目的製作助理。大三時在該電視台實習，大四畢業後就接到電視台主動來電，希望她能去上班。她是高雄人，念的是也在高雄的文藻外語大學，本來以為畢業後大概是留在南部工作、不會再到台北，事實上，打工的日本料理店也說好了等她離開學校、就要她來負責新分店。卻沒想到，感覺上遙不可及的台北電視台的熱門節目製作部，突然就聯絡她，改變了她的全盤計畫。

GU
LIFE
TVBS
全區
工作證
刑法
行政法
英文

「因為那也就只是個大學生的暑假實習，都是些打雜的事，但可能我即使是做雜事，態度還是非常積極，且什麼都問，做的比人家交代的多很多。」她有點緬靦但仍自信地說。

接到電話後，連薪水和正式上班日都沒問，她借了一筆錢，直接就上台北了。「這本來就是我想做的事。」她說。她在高職時念室內設計，可對畫圖始終沒有熱情，一點都不想像同學一樣準備要進大學的製圖科。「我有很多想法，很愛玩，想說以後的人生難道就是整天坐辦公室畫圖嗎？那我會超想自殺！」她睜大眼睛，露出慶幸的神情。

在學校擔任康樂股長、學會副會長的她，喜歡也擅長辦活動，每學期的迎新、送舊都是她的拿手好戲；老師發現了她對室內設計的興趣缺缺，推薦她去念傳播，她於學校課程中接觸了電影、電視節目的製作，「當時覺得是很光鮮亮麗的一行，只是好像會很累。」而因為做電視的雜事真的太多，一直到實習、甚至是畢業後進了電視台，她說自己很久以後才學會用全局的角度來看待這行。

「一進電視台立刻就是排山倒海的工作，也有意識到『好像開始了』，但真的沒有空間去整理心理思緒。」將近一年後，她因表現極好，從只有基本勞健保福利的編制外人員，被擢升為編制內，終於慢慢有空間來想這件事。

公司裡員工年紀的斷層大，同事且在台北生活得久，每每勸告原為「月光族」的她，該對生活有更多規劃，她說現在自己也開始學習基金與定存等理財方式，對她來說，「這就是很台北的一種狀態。」

YYYOOOUUUNNGG
PPHHOOTTOOGGRR
AAAWWWAAARRRDD
TIVAC YOUNG PHOT
APHER AWARD
07.01-09.30 2012
俏皮
俏皮
Cath Kidston
TOKYO Disney RESORT
HOT INFO
キャラクター大賞
いよいよ決勝の舞台へ!

宜蘭
夏天。
不流汗
計畫

一進租處，赫然是數量驚人的迪士尼娃娃，她有點不好意思地說，以前領到薪水就會託出國的朋友買娃娃，「現在我會想，我就存錢出國呀，自己做美食採訪節目，旅行的各種規劃本來就是我們擅長的。」

聽起來已經在夢幻職業了，還會想離職嗎？「因為之前讀過的一篇文章，儘管喜歡這工作，我還是為自己設好離職日。因為這樣才能更清楚去思考我能給公司什麼，以及公司可以給我什麼。」短期計畫是離職後去澳洲打工度假，或者自助旅行，長期計畫是想開一家咖啡店。

「只是同事都說，做這行到最後會一直待下去。」她瞇著眼想這個可能性。

蛤？暖暖包與羽絨衣？在低溫台北打拼的南台灣「珊珊姐姐」

高雄人走路很慢，剛來時，光走在外面都覺得壓迫，但現在我也走得很快了。未來，毫無疑問，還是會留在台北打拼。

佘宜珊 ‧ 姐姐年紀不方便透露 ‧ 主持人

【10 坪，月租 8000NT】
台北市中山區

活動中「珊珊姐姐」的留影

迪士尼般的衣裝，以及一支仙女棒。只約十坪的空間內，少女般的色彩在在都告訴你：沒錯，你走進了「姐姐」的世界。她現在擔任主持人的工作，包括各種記者會、尾牙、晚宴等活動，另一個相仿卻又截然的身分是「珊珊姐姐」。

畢業於文化大學國劇系與戲劇研究所，但她並不認為自己算是表演科班出身，之前在台南女子技術學院念美術，大學時在劇場主要擔任的也是幕後的美術設計工作。「原本也不知道自己喜歡幕前的主持工作，後來讀戲劇研究所時才發現

珊珊

自己在這方面的興趣。」又因學校老師的推薦，因緣際會接觸了親子台，慢慢確立自己接下來要走的路。

「剛來台北時很不習慣，高雄人怎麼會懂得要買暖爐、暖暖包、羽絨衣這種東西？學校在陽明山，那時租處到學校還有一段路。走在陰冷下雨的低溫裡，我忍不住哭了起來。」她回想起二〇〇四年剛上台北的情景，仍印象深刻，而她的台北生活，就從一台電暖爐正式開啟。

她擔任的「姐姐唱跳」節目，出現在企業家庭日等各種活動。和某親子台合作數年，電視台會承接各種親子活動。她作為「珊珊姐姐」的經驗已極豐富，參與過許多大或中小型活動，甚至是莒光日主持，「因為姐姐出身，會讓我們建立起正面形象，在其他主持工作上也會有幫助。」儘管有豐富資歷，但她坦言，扮演姐姐主持人角色，年紀到底還是有上限的。資深的姐姐們或許經驗多、場控能力優秀，但小朋友家長（主要是爸爸們）可能在台下會偷偷評論，「這姐姐好厲害，可是這姐姐有點老。」她說當自己知道這行有這種情況，就跟共事的學長說，「要是當我在台上時，你聽到有人在台下這樣說，就立刻讓我退休！」這一行的競爭激烈，姐姐的年齡層越來越年輕，因此「資深姐姐」也必須要有「轉型」的打算，那就是必須走向更寬闊的主持路。

上台北念戲劇研究所，才立定志向往主持界發展。
穿上公主裝當「姐姐」，是人生美好的意外也是驚喜。

走出套房，公用空間擺了個無人用的衣櫥，安靜而空白；
與小套房內熱鬧而繽紛的「姐姐世界」形成強烈對比。

當「姐姐」要有與布偶打交道的超能力……

充滿公主裝與俏麗短裙的「姐姐」人生：都在衣櫥裡與一個個伴隨姊姊四處奔走的背包中了

四處接活動的姐姐身影全在門上

從親子活動的姐姐走向不同領域的活動主持，契機發生在二〇一一年。當時任職於活動公司的學長介紹她到郵輪上擔任主持人，那是到日本沖繩的航線；兩個月內的郵輪行程，幾乎每天都要上台，她將之看為密集的教育訓練。「其實剛開始還不太會主持，但既然站上台，就會逼自己要想辦法把場子撐起來。」

她是自己接案的獨立工作者，生活並不穩定，基本的勞健保保障於她也是件煩惱的事，「有些人會去演藝工會，但我沒有。研究所時健保跟著家裡，畢業後則寄在區公所。」她說。「其實中間也曾回高雄一陣子，但似乎反而已經不習慣那個生活節奏了。」從大學到研究所，在捷運沿線不停換租屋地點，共通點是地方小租金又昂貴，家人也希望她回高雄工作，但儘管如此，她想未來還是會留在台北打拼，「高雄人走路很慢，剛來時，光走在外面都覺得壓迫，但現在我也走得很快了。」她笑說。看來姍姍姊姊的唱跳功力不僅抓住無數小朋友的心，更已經征服了台北這座城。

夢想在無聲的世界裡落定
以手語為世界傳遞訊息

**想建立一個新的表演形式，
完全以手語代替念白的劇場，
讓聽障朋友也可以享受劇場的美好。**

**蕭匡宇．
1977年次．
手語翻譯員**

【10坪，月租6000NT】
新北市三重區

T_ 來自聽障小朋友親手繪製的可愛肖像
U_ 旅遊基金與電腦基金，努力存錢中

台北市長選舉時一場以山東腔口音唱完的政見發表，讓鎮靜譯完全程的他意外受到矚目，被封為「爆紅手語哥」。說起這個經驗，有十年經歷的他，曾覺得很囧，甚至很沮喪，一個偶然事件讓手語專業領域，被當成茶餘飯後的談資。「但因為這個效應，許多媒體找上我，反而讓我有機會地對民眾談聽障朋友的處境。後來想，能因各種方式激起漣漪效應，對這群有需要的人們而言，都是好的。」他說。

免用統一發票收據
Stamp
MONKEY DESIGN
Scanimation
No.4604
4717677550733

PHILIPS
ASUS
JERBOA

租來的小套房已住超過十年，雖然是租的，卻已有燕子歸巢的感覺。一箱又一箱滿載著因工作而牽上的各種緣分：一張張滿載感謝的卡片與合影照，都是失語小朋友們純摯的話語，打開紙箱，匡宇盡是滿臉的喜悅。初入此行，收入極不穩定，有時月收入只有一萬元，但今昔相比，他仍感到很有前景：「現在手語環境已變得比較好了，更多年輕人投入，只是專職在手語領域的人仍然是少數。」開始在政府委託單位任職手語督導，可以有較穩定一些的收入，但一路走來，最重要的仍是在背後給予無限支持的父母。

或許因為手語翻譯的經歷，讓他對於話語的細節、談話的節奏、傳遞訊息的層次感等各種溝通的要素特別敏感；他講話極快卻極清楚而精準，順勢搭配的手勢，亦不與平常工作時手語之作為主要內容，自然切換為充滿效率的輔助語言。與如此準確而豐富的溝通過程同樣令人難以忘懷的，是他在說起手語翻譯的使命感與期許，儘管是個對多數人來說相對陌生的領域，但由他的娓娓道來，那個真摯與熱情，卻在短時間裡擄獲地感染給對方。

他是嘉義布袋人，因父母的擔憂，儘管熱愛文學卻選擇了自然組，大學念的是資訊方面的科系。「我一天都沒喜歡過資工或資管的東西，我想我真正感興趣的，還是與人相關的事。我想接觸人。」他說。大學念得坎坷，還一度休學先去當兵，卻也是這期間的手語社社團與兒童劇團經驗，讓他不但找到了之後想做的事，甚至還沒畢業就已經和「中華民國聾人協會」接觸，從在協會當企劃，到後來先後於新竹和新北市手語翻譯服務中心擔任督導以及獨立接相關案子。

保有一張照片，剛進入手語翻譯師一行時的青澀

把自己仍看為是個南部上來台北的鄉下孩子，年輕時心思都在掙扎於與父母的傳統觀念衝突上，不曾去思考夢想或為自己設定目標，「直到替聽障小朋友做手語翻譯，一直以來的漂浮感，突然落定了下來。」他說。曾負責台灣首二位有隨課手語翻譯的聽障小朋友，其中一位甚至曾處於「零語言」（手語與口語都無法使用）的情況，他不僅是幫他們克服學校課堂內容的翻譯，也因為這個在生活中扮演吃重角色的身分，關懷和協助聽障孩子在日常人際關係中的各種適應問題。

「聽障朋友最大的難處其實正在於，他們不是那麼容易被從人群裡辨認出來。」也因此面臨著各種文化上難題，包括旁人對溝通的缺乏耐心，或甚至排擠和霸凌。

熱愛文學與劇場的他，因緣際會地，在手語翻譯的工作上，找到了和自己喜愛事物接軌的契機。

包括在二〇一五年出版社合作出版的聽障同志繪本《聽不見的小翔》，以及逗點文創一系列的詩集發表會上的手語翻譯，「詩是抽象的，而手語是視覺的、比較直白。在這方面的翻譯，我總在直接翻譯，與找到一個方式去稍做轉換以讓聽障朋友更能感受，兩者之間去斟酌。」

上台北讀大學到現在，也接近快二十年，至今仍然沒有回南部的打算，台北於他而言，是能充分發揮所長的城市，接下來，除了繼續在原來崗位上幫助更多聽障者，他想結合對文學和劇場的喜愛，成立工作坊，以影像和戲劇的方式帶聽障朋友和創作者有更多交流，「我還有一個想法，想建立一個新的表演形式，完全以手語代替念白的劇場，讓聽障朋友也可以享受劇場的美好。」斟酌著用詞、怕自己把話說得太滿，但仍隱藏不住夢想與熱情所帶來的喜悅，他一字一句地說道。

從衝突中取得平衡，在快速中找回自己的節奏
像藝人般的台北客居人生

台北步調不僅是非常快，且還不停變得更快，學著從情境跳脫出去，旁觀自己，取得平衡。

204

托倫斯，
1980 年次，
健身教練

【5 坪，月租 8000NT】
台北市信義區

R_ 用招財貓門簾遮起的小房間
L_ 一進門便受到注意的鹿頭 .....

採訪托倫斯的那天，天空飄著綿綿細雨。托倫斯的租屋處就在台北市的鬧區，距離捷運站一小段距離，在安靜的巷弄裡，登上五樓老公寓，紅色地磚的陽台，一個早已被當成倉庫使用的客廳，紙箱、椅子與無法辨認的雜物全堆疊在一起，房東為了省電，公用空間只留有一盞昏黃的燈泡，昏昏暗暗，整層公寓氣氛弄得像會發生推理劇的古堡，牆上掛了個很突兀的鹿頭，說巧不巧就像是古堡裡掛著的那種，只是小了很多。

網路線越過床鋪、衣櫥與門口，再一路牽到外頭。

略過那隻鹿，托倫斯的房間就在走廊的最底端。大約只五坪，只靠著角落裡的一盞電燈炮維持可見度。雖有冷氣，卻仍有三台風扇對準窗外，夏天便靠著風扇解熱氣。木製書桌、雙層床鋪都留下歲月的痕跡，「房東也很省，如果沒有真的到了不能用的地步，也不會換新的。」床鋪上層已堆滿了雜物，網路線順著床欄杆一路延伸，跨越衣櫥後再一路延伸到門口，再一路到客廳，錯綜複雜，都是自己牽的。

他看起來很內向，說話很謹慎、很慢，從頭到尾都掛著溫和的笑容，在無趣的日光燈下顯得有點蒼白。但他的身分卻是與個性截然相反的健身教練。

來自台南新營，原本學的是電腦，在大學體育課上發現運動原來是「專業知識」，有各種技巧和體能訓練，遠遠超乎原本只打球的他的想像；他就這樣毅然改變了人生跑道。似乎是很衝動的大動作呢？但他說，其實無論是電腦或運動，只要該領域有商業行為組織，就會有工作，評估起來並沒有表面上看來那麼危險，加上有家人的支持。他現在除了擔任健身教練，且在念體育碩士。

說起興趣與工作的結合，他想了一下，很仔細地將兩者做出釐清。對他來說，興趣重要的是內心的收穫，可一旦變成工作，最首要的就是怎麼樣符合人家的期待、如何達成目標。例如可能某堂課他教起來很舒服，也覺得能帶給學生很多，可當組織因營運考量而調整或喊停，也只能接受。「剛開始內心會很衝突，覺得為何這麼不順利，慢慢地發現這種情況其實是工作上的常態，慢慢調整自己心境，現在就好多了。」他說。

麥克風等工作時常用物品，全一股勁吊掛在門後

啞鈴直立起來順便當衣架用

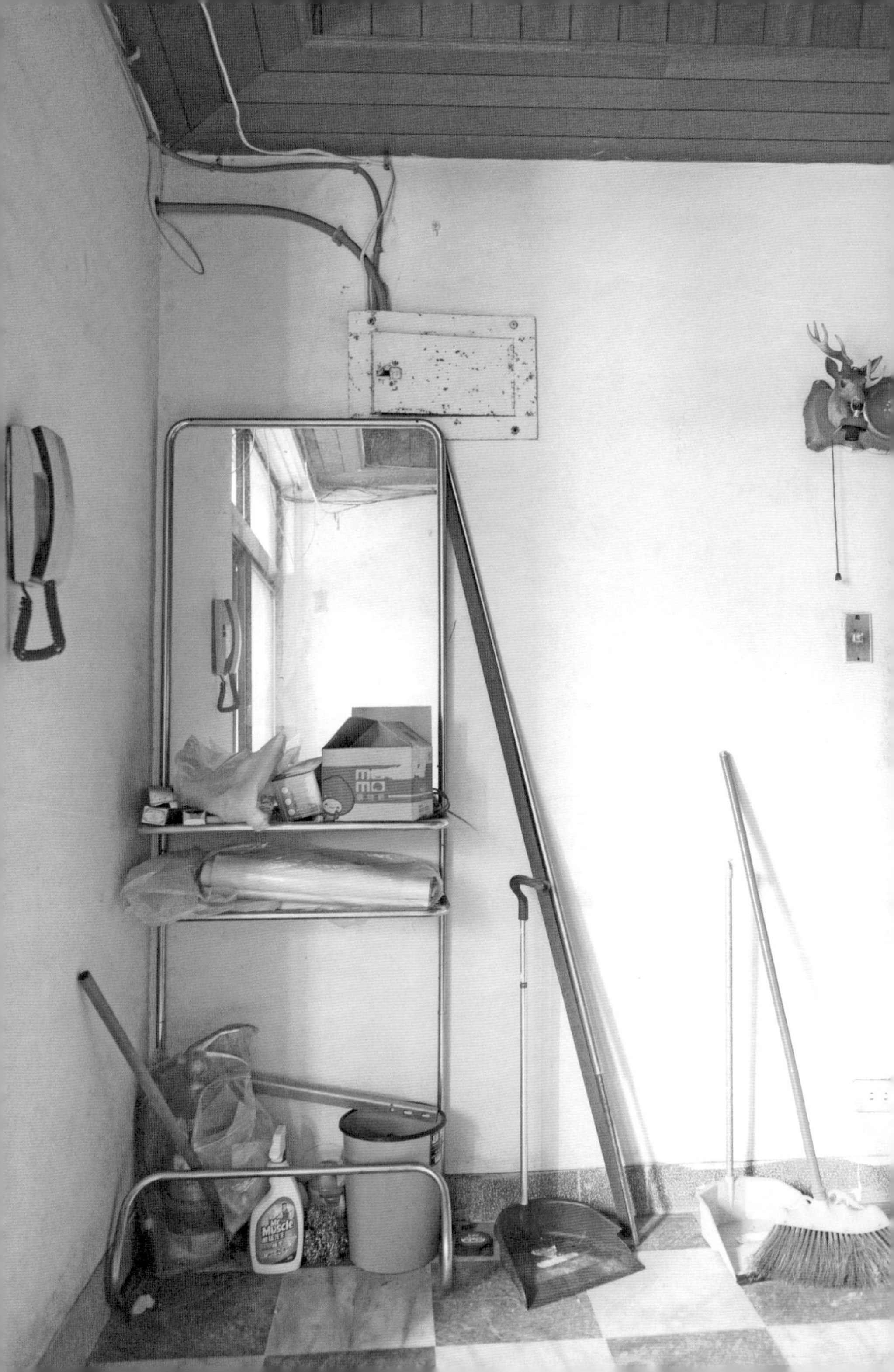
Mr Muscle

polyview
CyberSUM
Pad-2

在他眼中，台北步調不僅是非常快，且還不停變得更快，物價與房價都明顯地越來越高，人的互動也很冷漠，這讓他感覺到不自在，他覺得生活不需要那麼快。剛來時，認為既然是現實的脈動，就期許自己要追上，可這意味的是要不斷完成任務，參與進那個進步的節奏。「必要達成的目標未免也太多了。」他苦笑。

生活轉得太快，「一直想追上，漸漸的其實也是可以同化的，可是當發現自己腦中沒有東西、心中出現空洞，意識到這並不健康。我問自己，真的有必要這麼累嗎？」他開始把步調調回適合的節奏，學著從情境跳脫出去，旁觀自己，取得平衡。

他將工作時的自己，看為和真實的自己是有著落差的，因為只要健身房裡的音樂一放，不管有什麼煩惱或沒解決的問題，他都不會讓自己還放在心上，而必須完全換上積極正向的表現。「覺得自己就像藝人一樣。」其實是喜歡待在家的人，聽音樂、做家事都好，台北的租處於他而言，比較像是休息、盥洗的地方；雖然偶爾會想像回到中南部生活的可能性，但這一行在台北雖然競爭但仍然充滿機會，如果沒有關鍵的觸發點，那麼舞台依然會在台北。

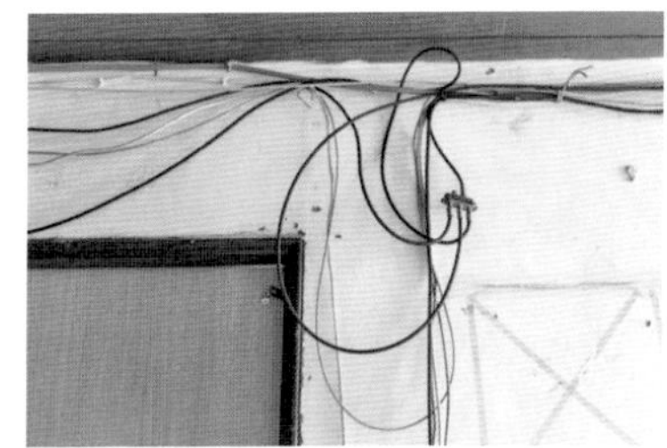

房租一倍一倍翻，但終究最重要的還是憑著自己的熱情而努力

不斷挑戰自己，找尋新的刺激，持續向上；如果不斷自我提升，收入增長的速度快於物價的提高，為什麼要擔心？

朱春霖 ·
1984 年次 ·
婚禮攝影

【10 坪，月租 10000NT】
新北市板橋區

防潮箱上貼了個大大的春字，是春聯也是名字貼紙的功用吧

「我所認為的幸福快樂，它們都發生在生活很細微的地方。當客人想呈現幸福，常偏好唯美的場景，比如目光相對、有漂亮景色或燈光與氣氛。但在我眼中，當婚禮中忙到一陣子，兩人好不容易偷空歇口氣，那個會心一笑默契的瞬間，就是最真切的幸福。」

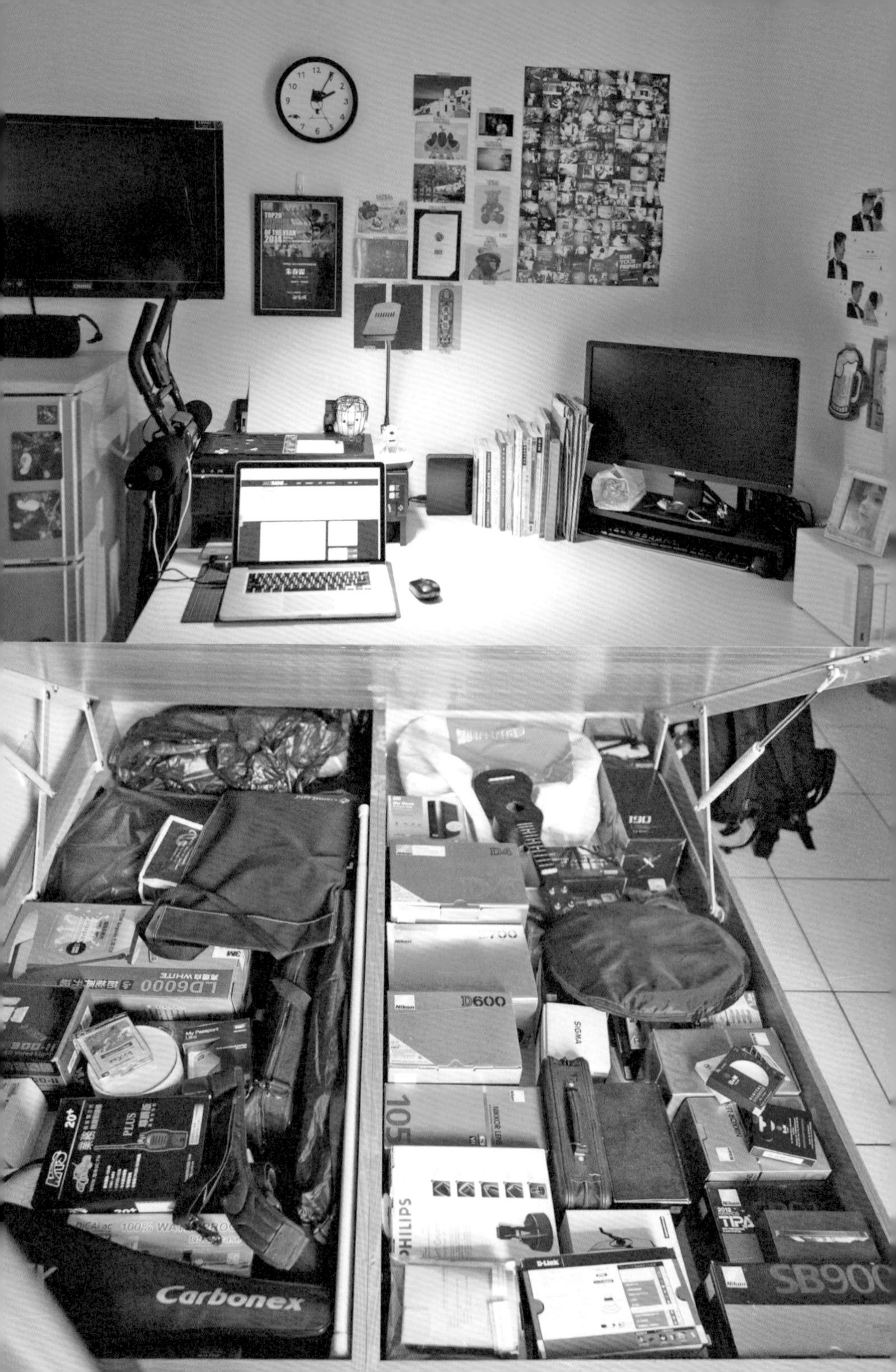

LD6000
D600
Nikon
105
SIGMA
PHILIPS
D-Link
TIPA
20+
PLUS
My Passport
Carbonex

他是獨立接案的婚禮平面攝影師，主要工作內容為婚禮當日的紀實攝影，已有四年經歷，另外這兩年來也開始接婚紗拍攝的案子。在他的觀察裡，現在許多年輕世代的新人，對自己婚禮與婚紗有想法，喜好自助與自主婚紗，不像以前只能請婚紗公司包套製作，出來的成品時常顯得制式。

「新人可以找自己覺得適合的攝影師、造型師、婚紗，搭配出他們想要的感覺。而想拍自己的東西，就要自己做準備，比如拍攝道具就和回憶有關，同樣拍淡水，在哪裡相遇、什麼場景，都不是婚紗公司ＳＯＰ（標準作業流程）能給出來的。」他說。

他是宜蘭員山人，從小喜歡畫畫，大學考上了銘傳商業設計學系，來台北從大學一路念到研究所。因為喜愛設計與美感相關的事物，退伍後就創業，開始從事攝影工作。會從事婚禮相關工作是因為深刻的參與了哥哥的婚禮，「我發現婚禮是美好的，有浪漫有、有不捨、有笑容、有歡喜，而婚禮攝影，能將這一切忠實紀錄，一次一次細細回味。」一開始先由朋友領入行，直到現在有了自己婚攝品牌。

婚禮攝影要表現人最深刻的時刻，關於以局外人的身分，該如何快速掌握這個瞬間，他有獨特的見解：「刻意要呈現真實深刻的情緒往往顯得不真實，我更著重要抓住某個進行式的前一秒，與後一秒。」他說，認為事情發生的前一秒，與後一秒往往能呈現情感最原始的流動。

擁有捕捉人與人之間微妙時刻的洞察力，為他造就獨特的專業表現，但另一方面，在生活中，他也對這樣的面向更為敏感。「對台北的感覺是交朋友並不容易，都市人普遍對他人有防範和懷疑。」他說起在台北的生活感覺。

然而，以這份他熱愛的職業來說，城鄉間重視婚禮紀錄與否，還是存在相當的差異，城市的人們相對於重視設計與美感的價值。因為這樣，他對未來的規劃仍是繼續留在這個城市裡。「隻身在台北，會感受很強烈的是物價不斷提高，房價甚至一倍一倍翻。」生活確實讓他感覺沈重。他仍自信而樂觀地說，但終究最重要的還是依憑著自己的熱情而努力。

他將自己描述為不愛平穩與原地踏步，而是會不斷挑戰自己，找尋新的刺激，持續向上，「重點不應該只是節流，更需開源。如果我不斷自我提升，收入增長的速度快於物價的提高，為什麼要擔心？」他說。

能量是生命的基本原素，

每天藉由知道你要什麼以及達到該目標需要什麼，

並將注意力集中在那，你決定如何使用能量。

———脫口秀主持人　歐普拉・溫芙蕾（Oprah Winfrey）

ISSUE007

台北蝸居夢想家

青春不會停，勇氣不會少，我的夢想永不停歇

文字／ Anderson
攝影／曾奕睿、郭璞真
主編／林芳如
執行企劃／林倩聿
設計／廖韡
董事長／趙政岷
總經理／趙政岷

出版者／時報文化出版企業股份有限公司
10803 台北市和平西路三段 240 號四樓
發行專線／（02）2306-6842
讀者服務專線／0800-231-705、（02）2304-7103
讀者服務傳真／（02）2304-6858
郵撥／1934-4724 時報文化出版公司
信箱／台北郵政 79 ～ 99 信箱

時報悅讀網／ www.readingtimes.com.tw
電子郵件信箱／ ctliving@readingtimes.com.tw
大眾新潮線臉書／ https://www.facebook.com/tidenova?fref=ts
法律顧問／理律法律事務所 陳長文律師、李念祖律師
印　刷／和楹彩色印刷有限公司
初版一刷／ 2015 年 5 月 22 日
定　價／新台幣 350 元
行政院新聞局局版北市業字第八○號

ISBN 978-957-13-6266-3　　Printed in Taiwan

國家圖書館出版品預行編目 (CIP) 資料

臺北蝸居夢想家：青春不會停，勇氣不會少，我的夢想永不停歇 /
Anderson 文字 . 曾奕瑞、郭璞真 攝影
-- 初版 . -- 臺北市：時報文化，2015.05
面； 公分
ISBN 978-957-13-6266-3(平裝)

1. 成功法 2. 自我實現 3. 通俗作品

177.2　　104006565